The mystery of behavior

簡伊凡——著

看懂人才會與人相處

從外貌到言談，解讀人與人的相處之道

從衣著、飾品，就能看出一個人的個性品味？
從外貌、五官，就能看出肢體語言傳達的密語？

分析談話、察言觀色，從日常動作中來「解碼」深層涵義，
透視人心的小技能，全面提升人際溝通的藝術

目錄

目錄

第一章　從衣著打扮看人識人

大文豪郭沫若曾說：「衣服是文化的表徵，衣服是思想的形象。」意思是說，人可以透過衣著打扮來向外界展示自己。換言之，也就是說，衣著打扮可以間接、含蓄地向別人傳達一個人的許多資訊。一個人的衣著打扮，不僅表現了他的職業、修養、品味，反映出了他的情感，而且，也可以顯示他的智慧、才能。因此，學會從衣著打扮看人識人，就可以很容易地迅速掌握對方的性格、心理與愛好等特徵。我們可以從以下幾個方面了解一個人的性格特徵。

一、服裝：個性品味的流露

現在，隨著人類社會的發展與進步，人們的服裝越來越提倡張揚個性，不再拘泥於某一種形式；伴隨著服裝的個性張揚和不拘泥於形式，人們的個性、品味等特徵，也在無形之中顯露無遺。所以，透過服裝觀察和判斷人，是最簡單的方式之一。

1・從著裝風格識別人的心理

服飾衣著是人的第二層皮膚，生活中的著裝，既是人們追求生活、展現美麗、享受快樂的一種現實表現，也是人們不同人生觀、價值觀的個性反映，因此，「服裝表現個性，個性展現服裝」這一觀念也早已為人們所接受。

據說，某所大學的一名外籍教師在課堂上要求，在上他的課時，女生不允許穿牛仔褲和運動鞋。這名外籍教師的「命令」一出，整個班立刻就炸開了鍋。反應激烈的女生們認為：衣著打扮本身是一個人個性、修養和品味的表現和反映，如果刻意地限定了穿衣打扮，那麼，這就意味著扭曲人的個性、限制人的自由。因此，女生們紛紛拒絕了這名外籍老師的無理要求。

我們姑且不說這名外籍老師的做法是否合理，但是，我們卻可以從這件事情中清楚地感受到：服裝不僅可以展示一個人的性格特徵，而且還可以展現一個人的心理活動。這是我們了解一個人的重要途徑。那麼，不同的著裝風格究竟隱含著哪些潛在意識呢？

下面，我們就來看一看如何透過他人的著裝風格識別人的心理活動與性格特徵。

① **對流行款式和潮流很敏感、愛穿流行時裝的人**

這種類型的人大都個性隨和，缺乏主題個性，並且對自己缺乏自信，想透過流行衣服來掩飾自己。他們把自己埋沒於多數人中，但懷有強烈的孤獨感，又不甘寂寞，因此，情緒不穩，性情多變。

② **對自己該穿什麼，從來不在意，來去總是一身裝扮，愛穿樸素服裝的人**

這種類型的人同樣個性隨和，缺乏主題個性，但他們為人真誠熱情，性格沉著穩重，只要有可能，他們就想一帆風順，終其一生。

③ **衣著大致看來極為樸素，只加強區域性服裝的人**

這種類型的人不是領帶別出心裁，就是手錶出類拔萃，他們在個性上常有自己的主張，但對於自己的容貌和姿態，懷有自卑感，因此，經常會用一些「小道具」來掩飾自身的弱點。比如，其貌不揚的女性，往往愛穿短裙；缺乏自信、心智懦弱的男性，往往愛穿粗條豎條套裝。

④ **穿著考究、喜歡穿品牌衣服的人**

這種類型的人有強烈的自卑感，又不擅於甜言蜜語，缺乏認真的態度、進取精神、自信心，常羨慕美好的事物，又常自嘆不如。他們具有腳踏實地的精神，在工作、學習、生活上卻不能十全十美。

⑤ **強調與眾不同、喜歡穿新奇服裝的人**

這種類型的人懷有強烈的優越感，喜歡標新立異，愛表現自己，虛榮心、金錢欲、自我表現欲極強，但缺乏大膽的想像和創意。這種人的心底常有一種孤獨感，情緒也經常波動。

⑥ **冷靜對待流行，慢慢改變穿衣方式的人**

這種類型的人往往比較理性，拒絕盲從跟風，處事中庸，一般不會過於順從欲望，也不隨波逐流，更不會做什麼踰矩的事情，屬於比較可靠、值得結交的人。

⑦ **對流行趨勢漠不關心的人**

這種類型的人通常有較強的個性，但是喜歡以自我為中心，個性比較不隨和，同時缺乏協調性，懷有某種自卑感的情形比較多。如果我們與這種人相處，他們往往會因小事固執己見而產生爭執。

⑧ **非常喜愛華美衣服、服裝極為奢華的人**

這種類型的人自我顯示欲和金錢欲極其強烈，屬於歇斯底里的性格類型，所以，遇見這種類型的人，就能洞察到他們的這種心理，不妨多誇獎誇獎他們的服飾，滿足一下他們在大庭廣眾中的自我顯示欲。

⑨ **頻繁改變服裝風格的人**

這種類型的人情緒不穩定，經常頻繁地改變服裝愛好，讓人無法了解其真正喜好什麼服飾，屬於逃避現實欲念極強的那種類型。

⑩ **對於服裝的愛好一向穩定卻突然改變服裝風格的人**

這種類型的人一旦把服裝風格改變成另一種，通常意味著心境發生了變化，或者在物質、精神方面受到了重大的刺激，或者是思維方式受到新觀念的衝擊，立下了新的決心和構想，從而在服裝上做出了重大的調整。

2．服裝顏色透露出的內心世界

通常情況下，人們的著裝風格都非常注重身分和場合，一個人的著裝往往與他的職業、年齡、經濟狀況等有關。一般而言，一個人的著裝越好越高級，就象徵著他的職業、經濟狀況越好，社會地位也越高。

我們生活在一個五彩斑斕的世界，這些斑斕的色彩在服裝的外觀上有著難以言喻的魅力，它不僅能表現出服裝外觀上的美感，更能表現出一個人的內心世界。因為，每一個人在選擇服裝的色彩時，總是與他本人的個性、風度等有著緊密的連繫。所以，我們可以說，服裝的顏色既是一個人整體形象中最具情感特徵的部分，也是這個人內心世界活動狀態的最佳展現。因此，我們可以從一個人所喜愛穿的服裝顏色上，看出他的性格特徵、內心活動狀態。

有系統地說，衣服的色調基本上可以分為暖色、冷色和中性色等三大類。這三類不同的色彩所展現的效果截然不同。暖色包括紅、黃、橙色等色彩，這些顏色給予人熱情、爽朗、自信、友愛的感覺，容易使人博得他人的好感，有助於結交朋友，擴大社交圈子。冷色包括黑、深藍、深咖啡等色彩，容易給予人冷淡、神祕等感覺，營造出嚴肅的氣氛。中性色則包括淺灰、咖啡、米色等色彩，這類顏色可以緩和緊張的氣氛，從而產生化解紛爭、緩解敵意的效果。

一般而言，不同性別的人，對服裝色彩的喜好和選擇絕不相同。男士們比較喜歡冷色調和中色調的服裝，這類顏色的服裝容易使人顯得深沉、莊重、雄壯、威武；女士們則比較喜歡暖色調的服裝，這類顏色的服裝則會使女士顯得或雍容華貴、或嬌羞可愛、或端莊文雅。

此外，不同職業、年齡、性格的人，對服裝色彩的喜好和選擇也絕不相同。比如，青年人比較喜歡熱烈、活潑的色彩，而中老年人則比較喜歡深厚、沉穩的色彩；從事藝術的人比較喜歡浪漫、古典的色彩，而醫生則比較喜歡清爽、乾淨的色彩。

具體來講，我們可以從以下幾個方面，透過一個人對服裝顏色的喜好，識別該人的性格特徵和內心活動狀態。

① 喜歡紅色服裝的人

由於紅色容易使人精神振奮，而過度的紅又容易使人精神緊張、脾氣暴躁。因此，這種類型的人通常屬於精力旺盛的行動派，喜歡對自己感興趣的事情投入百分之百的熱情。但是，這種類型的人往往缺乏耐性，一旦稍微遇到一點挫折，就會迅速地喪失原有的熱情。此外，這種類型的人心直口快，說話做事不假思索，從不考慮別人的感受，一旦有事情發生，總是先怪罪別人，缺乏承擔過錯的能力和自我反省的勇氣。

②　**喜歡粉紅色服裝的人**

粉紅色是紅色和白色的結合，含有紅色和白色的特點，是感性與理性的結合。因此，這種類型的人往往有著天真單純的幻想、純潔無瑕的心境，常常想讓自己呈現出年輕、朝氣的感覺，甚至高貴的形象。然而，這種類型的人通常有著強烈的逃避現實的傾向，又不喜歡與人爭論，常被當作是優柔寡斷的人。此外，曾經被自己最信任的人背叛、傷害過的人，以及無法忍受現實的人往往也會喜歡粉紅色。

③　**喜歡黃色服裝的人**

這種類型的人富有高度的創造力及好奇心，通常都有著自己獨特的見解和想法。他們說話做事瀟灑自信，無所畏懼，從不擔心別人會怎麼想。此外，這種類型的人具有冒險、追求刺激和新鮮的特徵，無法忍受一成不變，關心社會問題，喜歡追求崇高的理想。

④ **喜歡橙色服裝的人**

橙色是一種高亮度的顏色，能夠減少疲勞，令人振奮，給人一種溫暖的感覺。喜歡橙色服裝的人通常都積極開朗、精力充沛，往往會成為人群中的焦點、亮點。但是，由於他們不喜歡輕易得罪他人，又常常使自己顯得十分沒有原則。這種類型的人做事優柔寡斷，性情多變，因此，往往被人以為他們輕浮而不穩重。

⑤ **喜歡黑色服裝的人**

黑色的服裝，往往給予人神祕、高貴、專業的感覺。因此，這種類型的人即使外表不修邊幅，在旁人看來，他們依然是優雅高尚、有主見、應對得體的人。並且，這種類型的人通常很積極，對未來很有規畫性。

⑥ **喜歡深藍色服裝的人**

一般而言，喜歡藍色服裝的人，很有理性，比較喜歡寧靜，善於控制感情，很有責任心，但個性比較固執，不達目的絕不罷休。而深藍色則是由理性的藍色和神祕的黑色相加所形成的一種色彩，它既包含了黑色的神祕特質，又具有藍色的毅力、韌性。因此，這種類型的人凡事都會縝密思考，是優秀的決策者，往往比較容易成就事業。他們多半不喜歡別人的批評和建議，喜歡自立門戶，為自己工作。

⑦ 喜歡咖啡色服裝的人

雖然咖啡色會讓人顯得老氣，但是會給人一種安全、穩定的感覺，從而會產生一種表裡如一的權威感。這種類型的人外表冷靜、內心熱情，總是腳踏實地地做每一件事情，縱使遇到再大的挫折，也絕不會讓別人看到自己的脆弱。

⑧ 喜歡灰色服裝的人

在時尚界流傳著這樣一個千古不變的準則：「非黑即灰。」喜歡灰色服裝的人要把任何一件事處理得非常完美，才認為是大功告成，並且，他們通常不會把事情轉交給別人，因為這種類型的人往往不會輕易相信別人。

⑨ 喜歡白色服裝的人

白色是一種純淨、沒有任何雜質的色彩。喜歡白色服裝的人往往比較喜歡追求完美，但他們內心寂寞，渴望引起他人的關心、注意，甚至愛慕。這種類型的人在別人看來，往往是那種既做作又喜歡鑽牛角尖、既讓人愛又讓人怕的角色。

服裝的顏色是一種會說話的「色彩語言」，它們隨時隨地向人們傳遞著一個人的性格、愛好、心理狀態等多種資訊，因此，只要我們掌握了這門神奇的「語言」，就可以更加準確地看透對方。

3・從上衣類型認識人的個性

一般情況下，我們看人的第一眼，最先進入眼簾的往往是上衣，而上衣也是最能夠吸引人的地方。有些心理學家透過調查研究，發現人們所穿的上衣往往取決於他們的性格。因此，透過人們所穿的上衣，我們可以觀察他們的個性特徵。

①喜歡休閒上衣的人

這種類型的人，大多數是屬於外向型的人，他們個性豪爽，心胸開闊，不拘小節。他們很樂觀積極，有上進心，喜歡自由自在舒適的生活，不喜歡一成不變的事物。他們工作責任心不是很強，但總是對自己的能力充滿信心，在事業上能取得不錯的成就。他們喜歡交朋友，交際能力很強，但是自我表現的欲望很強烈，而且缺乏耐心和毅力。

②**喜歡牛仔上衣的人**

一般喜歡這種上衣的人多是個性豪爽，與喜歡休閒上衣的人相似，但他們更加開朗樂觀。這種類型的人追求自由刺激的生活，對很多事情都比較隨意，敢做敢當，因此常讓人誤以為他們做事很莽撞，好感情用事，不夠理智，不懂規矩。

③**喜歡夾克上衣的人**

夾克是一種比較時尚的服裝，一般穿這種上衣的人多數對流行比較敏感，常走在時尚的前端。他們大多數性格開朗活潑，待人熱情，很有親和力，因此很有人緣，交際能力很好。他們非常聰明智慧，對自己的能力充滿自信，因此，在工作中很受上司的賞識。

④**喜歡馬甲上衣的人**

喜歡這種上衣的人，一般比較保守、傳統，比較懷舊，不喜歡流行的東西。他們很注重自己的形象，很喜歡表現自我，希望能引起別人的矚目，給人留下好的印象。

⑤**喜歡西裝上衣的人**

這種類型的人，一般性格穩重嚴謹，非常嚴肅。他們事業心很強，很有責任心，做事非常認真踏實，但缺乏創新意識和冒險精神，因此適合做中層領導。他們追求高品質但不奢華的生活。他們待人不夠熱情，但很真誠，很講義氣，交際能力普通。

⑥ 喜歡皮衣的人

皮衣是一種比較昂貴的服飾，因此穿這種衣服的人必須有一定的經濟基礎。這類人大多數很自信，比較孤傲。他們很有正義感，喜歡冒險，容易接受新鮮事物。他們對自己不感興趣的人總是不屑一顧，但是對自己感興趣的人則非常的友好，因此，他們的朋友基本上都是與其志同道合的。

4・從所穿T恤解讀人的性格

無論時尚界怎麼風起雲湧，服裝風格怎麼變化無常，到了夏天，人們最喜歡的始終是T恤，因為它不繁瑣，穿起來又舒服，而且人們還可以在上面印上自己喜歡的圖案。而透過T恤的款式和上面的圖案，我們可以直觀地看出一個人所具有的性格特徵。

①　喜歡純白色T恤的人

這種類型的人，一般個性比較獨立，不會輕易地向世俗潮流低頭。他們非常勇敢堅強，跌倒了也會立刻站起來，永遠不會因任何挫折而屈服。在生活中，他們樂觀積極，對人生充滿希望，總是充滿活力。他們有點叛逆，但表現得不明顯。

②　喜歡沒有花樣的彩色T恤的人

這種類型的人，大多數比較內向，富有同情心。他們不喜歡張揚，自我表現欲望不強烈，甘於平凡的生活，懂得去關心和幫助他人。他們的工作責任心很強，從不會把自己該做的事推給別人，無論有多麼辛苦，都會堅持自己完成，但有時缺乏周詳的計畫和思考。

③　喜歡在T恤上印上自己名字的人

這種類型的人，思想比較開放和前衛，喜歡接觸新奇的事物，他們能夠輕鬆地接受新鮮事物，比較排斥那些陳舊迂腐觀念。他們喜歡結交朋友，待人比較真誠和熱情，因此，人際關係很好。但是由於他們過度的熱情，總給人一種很八卦的感覺，特別是在幫助別人的時候，常讓人覺得是好管閒事。他們很自信，應變能力很強，遇到緊急的事情時，能及時地做出應對策略。

④ **喜歡印有明星畫像的T恤的人**

這種類型的人多是追星族，他們很崇拜那些人，常渴望自己有朝一日能像他們一樣。他們的想像力比較豐富，很有藝術細胞，善於向別人表達自己的想法。他們渴望成功，也比較努力，因此成功與勝利對他們來說並不是一種陌生的名詞。但是他們很注重物質生活，比較愛面子。

⑤ **喜歡在T恤上印幽默標語的人**

這種類型的人，大多數都很聰明，很有智慧，而且有一定的幽默感。他們熱愛充滿挑戰性的生活，善於參與群體活動，懂得把握任何機會，執行能力強，是典型的行動派。他們自我表現的欲望很強烈，希望自己能夠吸引別人的注意。

⑥ **喜歡T恤印有校名或大企業的標誌的人**

這種類型的人，一般比較敬業，是以工作為重的人，他們對自己所在的公司或企業具有一定的感情。他們比較希望別人知道自己的身分，並吸引一些志同道合的人。他們非常理性，做事條理分明，喜歡幫助別人。

⑦ 喜歡T恤上印有名勝風景的人

這種類型的人多是外向型的，他們比較開朗大方，有一定的冒險精神，接受新鮮事物的能力很強。他們很重視個人名聲及尊嚴，從來不在乎別人對自己的看法，自己決定的事情就一定堅持到底。他們自我表現的欲望也很強烈，總希望把自己知道的一切都傳達給別人。

5．鞋子所透露出的個性資訊

鞋子是人們生活中的必需品，它幾乎與人形影不離。其實，鞋子並不是我們想像的那樣單純只具保護足部的作用，它也是一種裝飾品，透過它，我們可以觀察到一個人的性格及心事。

① 始終喜歡穿同一款鞋的人

重複購買固定式樣鞋子的人，大多數性格開朗，心胸開闊，但是比較拘謹，是保守型的人。他們比較懷舊，對於自己習慣的東西，總有一份深深的依戀。他們做事比較認真負責，很有耐心，在專業的領域中，總是默默地努力，並將取得一定的成就。他們對朋友十分講義氣，會適時地伸出援助之手。因此，讓人覺得他是個值得信賴的靠山，在朋友圈中的信譽很好。但是，由於為人處事不夠圓滑，常常會得罪人而不自知。

② 喜歡穿運動和休閒鞋的人

這種類型的人，一般比較自信，積極樂觀，有冒險精神。他們喜歡自由自在的生活，不喜歡受到別人的約束。他們有很強的創新思維，對那些規律性的工作一點都不感興趣。他們待人熱情，喜歡與人交朋友，也常幫助那些需要幫助的人。這種人的意志力很強，因此，當遇到困難的時候，不會輕易地退縮。

③ 喜歡穿高跟鞋的女性

這種女性的自尊心大多數都很強。她們的個性比較成熟，喜歡思考，也很聰明。無論是在生活還是工作中，她們都比較積極努力，有很強的責任心，也很有耐心和毅力，對別人的要求很高。但是這種類型的女人想要的往往很多，也常因為無法滿足而大發脾氣。

④ **喜歡穿拖鞋的人**

這種類型的人是輕鬆隨意型的典型代表，他們追求簡單輕鬆的生活方式，懂得享受生活。他們很有主見，只重視自己個人的感受，不會因為別人而改變自己，但是他們待人比較隨和，因此與這類人交往比較輕鬆。

⑤ **喜歡穿靴子的人**

這種類型的人，做事很有分寸，安全意識很強，懂得在適當的場合和時機將自己隱藏起來。但是這種人的自信心不夠強，希望能借助靴子給自己帶來自信。

⑥ **喜歡涼鞋的人**

這種類型的人，大多數是外向型的人，他們相當的自信，而且思想比較前衛，充滿朝氣。他們渴望自由，不希望被束縛，自我表現欲望很強，總喜歡將自己美好的一面表現出來。他們比較喜歡交朋友，非常有人緣，並且能拿得起放得下，比較灑脫。

⑦ **喜歡時髦鞋子的人**

喜歡穿流行鞋子的人，一般比較浮躁，虛榮心和好奇心都很強，自我表現的欲望也很強烈。他們的感覺很敏銳，能夠輕鬆地接受新事物，因此常走在時尚的前端。這種類型的人做事缺少周全的考慮，常顧此失彼，也沒有長遠的眼光。

⑧ **喜歡穿遠足靴子的人**

這種類型的人，大多數是工作狂，常把大多數的時間和精力投入到工作上。他們一般有很強的創新意識，也比較勇敢，勇於冒險。當向自己未知的領域挺進時，他們比較自信，並相信自己一定能夠成功。

⑨ **喜歡穿沒有鞋帶鞋子的人**

這種類型的人，大多數比較大眾化，思想比較傳統和保守，追求整潔，自我表現的欲望不強烈。他們待人彬彬有禮，說話溫文儒雅，頗有紳士風度。他們比較喜歡那種平凡的生活。

⑩ **喜歡穿有鞋帶鞋子的人**

這種類型的人，一般很保守，有責任心和耐心，但其性格比較矛盾，總希望有人能安排自己的一切，但是又總想反抗。因此，他們在接受別人安排的同時，也尋找自己的

自由空間，以釋放自己。他們不喜歡單調重複的事情。

鞋子的款式有很多種，現在我們只是選擇了幾種比較典型的來分析而已。其實，每種款式的鞋子都有著不同的寓意，比如，有的鞋子表現的是一種性感的魅力，有的表現的是一種踏實的精神，而有的表現的則是一種理智的性格。因此，在生活中，我們可以透過鞋子傳遞各種訊息，也可以透過各種款式的鞋子了解到他人的很多資訊。

6．從褲子類型看透人的內心

無論是炎熱的夏天，還是寒冷的冬天，我們總能看見街上的人們穿著各式各樣的褲子，有短的，有長的，有直筒的……其實，如果你細心地去觀察身邊的人，你會發現，很多人都喜歡買同一種款式的褲子。因此，透過人們平時穿的褲子，我們可以看出一個人的真正的性格和內心世界等。

①　喜歡穿短褲的人

這種類型的人一般比較乾脆直率，崇尚自由，不喜歡受到別人的束縛。他們為人天真純樸，熱情開朗，性情活潑，因此人們很喜歡與他們交往，人緣非常好。但是，他們抗壓性不是很好，而且比較好高騖遠，一旦理想與現實存在很大差別時，就會受到很大的傷害。

② 喜歡穿休閒長褲的人

這種類型的人，大多數性格比較隨和，比較有耐心，善於掩飾自己。他們不喜歡表達自己的看法，因此在別人看來沒有什麼主見。他們不喜歡與人爭執，因此比較容易妥協於他人，但是在任何環境中都能很好地與人配合。他們喜歡與人交往，有包容心，因此人緣非常好。

③ 喜歡穿牛仔褲的人

這種類型的人大多數思想比較前衛，有冒險精神。他們精力充沛，總是充滿活力，執行力很強，當作了某一個決定的時候，就立即付諸行動。他們追求刺激的生活和富有挑戰性的工作，並希望透過自己的努力創下一片天地。但是他們比較孤傲，不喜歡接受別人的意見，我行我素，因此，人際關係不是很好。

④ **喜歡穿西褲的人**

這種類型的人，一般比較穩重，城府很深，很有個性，獨立意識也很強。他們很有主見，對任何事情都有自己的看法，不容易受別人的左右。他們一般都很聰明，很有智慧，對自己也很有信心。他們的交際能力很強，善於調節社交場合的氣氛，是一個天生的社交家。

⑤ **喜歡穿運動褲的人**

喜歡穿運動褲的人多是性格開朗，樂觀積極，熱情大方，活潑可愛的人。他們很自信，行動能力也很強，而且擁有自己獨特的魅力，因此，常贏得別人讚許。他們喜歡表現真實的自己，雖然對那些新潮的東西也很感興趣，但不會隨波逐流。

⑥ **喜歡穿喇叭褲的人**

這種類型的人，大多數性格比較外向，獨立意識很強，開朗大方，活潑可愛，不善掩飾自己，愛憎喜惡表現得很明顯。他們有自己的原則，只與那些趣味相投的人交往。他們喜歡表現自己，渴望受到別人的矚目，但心胸不夠寬廣，很介意別人對自己的看法。

⑦ 喜歡穿直筒褲的人

這種類型的人，一般思想比較保守，自信心不強。他們不喜歡與人交往，而且比較消極，因此，在社交場合上也常是自己孤獨一個人。其實他們個性還是比較溫和，很重感情，對朋友很忠誠。

7．從對內衣的喜好了解女人

女人的世界是色彩斑斕的，就連她們的內衣也是五彩繽紛，什麼顏色、什麼款式的都有。如果說女人的外衣是為了讓世人看到自己是什麼樣的人，那麼女人的內衣則最能反映出她們自己真實的內心世界。因此，我們可以透過女人對內衣的喜好去了解她們。

① 從一而終型

有的女性從購買第一件內衣開始，就一直喜歡用同一種類型。這種女性大多數比較執著，有耐心，不願意花太多的時間放在穿著上。她們對任何事情都很認真，一旦決定了的事情，就會堅持到底，不會輕易放棄。她們不太喜歡交朋友，但是一旦與她們成為朋友，就當知己來對待，很重情誼。這種類型的人對愛情也是從始而終，比較專一。

② 喜歡蕾絲內衣的人

這種類型的女性，大多數個性坦率，喜怒哀樂表現得很明顯，有很強烈的自信心和自尊心。她們注重自己的形象，愛表現自我，希望能時刻引人注目。她們追求高品質的生活，比較積極上進，總是對自己的未來充滿信心。在戀愛中，她們總是熱情洋溢，敢愛敢恨，對朋友也非常忠誠。但是她們我行我素，不喜歡受人干預。

③ 喜歡絲綢布料內衣的人

一般喜歡這種內衣的女性多半是浪漫主義者。她們喜歡那種自由自在的生活，好奇心很強，比較關注那些他人忽略的事物。她們很注重愛情中的情調，常花盡心思去製造一個個浪漫的氣氛。

④ 喜歡棉質內衣的人

這種類型的人，多半比較傳統，天性頑皮，喜歡運動，不喜歡受人矚目和過於張揚。她們比較痴情，容易陷入男性的甜言蜜語中。她們對金錢物質等沒有什麼欲望，比較喜歡簡單樸實的生活。

⑤ **喜歡尼龍或普通布質內衣的人**

通常選擇這種內衣的人有兩種類型。一種是比較小氣，喜歡精打細算，是一個比較會持家過日子的精明主婦。在愛情中，她們比較矜持，不擅於表達自己的想法。另外一種則喜歡隨意的生活，是真正的樂天派，她們不拘泥於形式，不受古老觀念的影響。在感情上，她們比較專一，不會見異思遷。

⑥ **喜歡洋娃娃型內衣的人**

這種女性大多數年紀比較小，她們比較嬌俏可愛，喜歡幻想，常表現出一副可愛無助的樣子。喜歡那種溫柔體貼、能夠保護她們的男人，有點戀父情結。此外，她們比較熱愛生活，總是對世界充滿好奇。

8．從泳衣的顏色了解女人

夏天永遠是女人們最喜愛的季節，因為她們可以穿上一套美麗動人的泳衣，在海濱上顯示自己美麗動人的身材。當然，夏天也是男人渴望的季節，因為他們可以欣賞海濱泳裝美女動人的曲線。其實，男人們在欣賞美女的同時，也可以憑藉著泳裝顏色來了解她們的性格特徵、內心世界……

①　喜歡黃色泳衣的人

黃色是一種令人輕鬆愉快的顏色，穿這種顏色泳衣的女性一般很有智慧，比較理性和冷靜，非常自信，渴望得到他人賞識和認同。她們給人的感覺比較溫順柔弱，實質是很好強，只是懂得掩飾，沒有表露出來。她們是天生的樂天派，善於與人交往，特別喜歡與男性交朋友。這種類型的人善於用自己的技藝賺錢，她們很有目標和鬥志，但是對賭博很感興趣。

②　喜歡藍色泳衣的人

這種類型的女性，大多數性格溫柔細膩，氣質優雅，非常沉著和冷靜。她們喜歡悠閒的生活，比較容易滿足。她們比較重視精神享受，不貪圖名利和錢財，拙於賺錢和儲蓄，樂於為他人解囊。如果想要與她們結識，必須在一本正經的前提下，不要有任何下流行為。她們比較敏感，是一個容易受傷的人。

③ **喜歡綠色泳衣的人**

穿這種顏色泳衣的人相對比較少。這種類型的人一般具有兩面性，她們可能心理或其他方面不夠成熟，但是花錢方面還是比較理性，不會因為自己的心情或是其他原因而瘋狂地去購物。

④ **喜歡黑色泳衣的人**

穿黑色泳衣的人一般有兩種類型，一種比較忠厚老實，樸素，不喜歡引人矚目；一種喜歡標新立異，譁眾取寵。但是對於金錢，她們大多數都是屬於堅實派的，非常節儉，不會亂花錢，她們喜歡樸實安定的生活。不過有少數人總是充滿野心和欲望，喜歡奢靡的生活。

⑤ **喜歡白色泳衣的人**

這種類型的人，大多數自信，比較矜持，一向平和冷靜，善於表達自己的感情。她們不注重外表，不太喜歡表現自己，追求精神生活。她們很誠實，有很強的責任感，做事很有條理。但是她們品味高，偏愛高階品，常會把錢花在不該花的地方。而且她們比較孤傲，因此戀愛時很少會先向對方表達愛意。

⑥ **喜歡紫色泳衣的人**

選擇紫色泳衣的人一般很有個性，鑑賞能力強，想像力豐富。她們比較注重外表，對美的感覺也很敏銳，喜歡獨特的構想，不喜歡平凡和單調的生活。她們花錢闊綽，但是該省的時候則省。

⑦ **喜歡紅色泳衣的人**

她們大多數屬於外向型的人，做事積極主動，意志堅強，遇到困難時不會輕易地退縮。她們比較有主見，很難受別人左右。他們喜歡交朋友，而且人緣非常好，具有社交能力。她們對金錢沒有多大的計較，總是該花就花，從不吝嗇。

有一個心理學家曾做過一個試驗：讓一些可愛美麗的姑娘穿著各種顏色的泳衣，在五分鐘時間內，在研究她們的男人們面前散步。然後再換上衣服，重新站在這些男人面前，讓他們回想，誰剛才穿過什麼樣顏色的泳衣。結果幾乎所有的顏色都被認出來了，只有穿紅色泳衣的姑娘除外。其實，如果穿紅色的泳衣，則男人們的眼光只固定在那顏色上，而忽略了姑娘的臉。所以，如果女性想要別人能記住自己的臉，千萬別選擇紅色的泳衣。

二、飾品：性格心理的透露

縱觀大街上匆匆而過的人群，基本上每個人都佩戴著自己喜歡的飾品。他們有的珠光寶氣，有的只戴一對耳環，或者一頂帽子，或者一塊手錶……其實，透過飾品不僅能看出人的愛好和興趣，還可以反映出人的性格特徵。所以，飾品不僅僅是一個人的裝飾品，更是一個人心理、性格等的承載體。

1・透過帽子的款式看人識人

在這個帽飾風潮如火如荼的季節，無論是在街頭，還是在娛樂場所，我們都可以看到各種款式的帽子。時髦的男女們總喜歡戴一頂時尚的帽子，來彰顯自己的個性。對於現代人來說，帽子已不僅僅是一種禦寒的服飾，而且它還是人們樹立自己形象的一種裝飾品，更是人們性格的表白和情緒的延伸。

下面，我們就透過幾種典型款式的帽子，來識別一下他人的性格特徵和內心世界。

①喜歡戴禮帽或紳士帽的人

這種類型的人往往比較穩重，有修養、有紳士風度，但是也有其他的個性突顯，如固執、自命不凡等。他們很有正義感，對那些自認為大逆不道的事情總會挺身而出，甚至不怕與別人發生爭執。在別人面前總表現得非常傳統，喜歡聽古典音樂，喜歡打領帶，對那些非傳統的女孩子不屑一顧。

這種類型的人非常愛整潔，不喜歡穿著拖鞋或涼鞋出門逛街等，對自己所穿的鞋子、衣服、襪子等，整天都會保持得乾乾淨淨。但這種人過於保守，缺乏冒險精神，沒有耐心，所以不少人往往不能成就什麼大事。

與這種類型的人交朋友要小心，他們不容易掏出自己的真心，對任何一個朋友都會保持一定的距離。雖然有時候他們也想改變自己的這種狀態，但是由於他們的先天性格，往往適得其反。

②喜歡戴旅遊帽的人

這種類型的人給人感覺比較誠實，但實質上他們善於投機鑽營，不肯以真面目示人，他們自以為是，常扮演著多種角色。很少有人了解他們，因此真正的朋友不多，多

是以利益為主。這種類型的人在事業上往往善於把握自己，自認為做事天衣無縫，雖然有時候會收到很好的效果，但是大多數會被他人看穿。

③ **喜歡戴運動帽和遮陽帽的人**

這種類型的人個性率直，待人非常熱情，常常充滿活力，是天生的樂天派。他們非常前衛，容易接受新鮮事物，大多喜歡流行音樂。他們喜歡冒險，總能以百般熱情去完成工作。與這種類型的人交朋友非常輕鬆，因為他們對人沒有什麼城府，容易與人交心。但由於他們容易相信別人，所以比較容易受騙。

④ **喜歡戴鴨舌帽的人**

一般只有上了一定年紀的人士才喜歡戴鴨舌帽。這種類型的人做事比較穩重、忠實，是一個客觀的人。他們不虛榮，不貪圖浮華，凡事能從大局著想。跟這種類型的人打交道要非常有耐心，雖然他們對人沒有什麼城府，但是喜歡繞圈圈，兜圈子，總是費了很大的勁才會說出自己的心思。

這種類型的人喜歡不勞而獲，自我保護性很強，屬於防守型的人。他們不輕易地讓自己內心外露，不容許別人侵害自己，但也不會主動侵害別人。他們非常善於創業，是天生的聚財寶。

⑤ 喜歡戴牛仔帽的人

這種類型的人性格開朗，非常倔強，認為正確的事情就一定堅持到底。他們喜歡幫助別人，最大的弱點就是貪財。這種類型的人做事比較乾脆，因此在工作中非常受老闆的器重，但是由於他們的貪財，難免會起貪念。與這種類型的人做朋友非常開心，他們懂得別人的心思，總會投別人所好，以取得他們的真心和認可。但同時，這種類型的人一定要提防一些不良之人趁機而入，騙走自己的錢財。

⑥ 喜歡戴圓頂氈帽的人

這種類型的人外柔內剛，對什麼事情都感興趣，但從不把自己內心的想法說出來，總附和別人，缺乏主見。其實，這種類型的人屬於真正的老好人，忠實肯幹，對自己的觀點非常執著，只是沒有表現出來。在他們看來，君子愛財，取之有道，對那些不勞而獲的人恨之入骨。他們表面隨和，實質挑剔，只有有共同的觀念和做事的平台，才會與人深交。

⑦ 喜歡戴彩色帽的人

這種類型的人是天生的服裝搭配者，總能在不同的場合穿出真實的自己。他們喜歡鮮豔的色調，對流行十分敏感，容易接受新事物。這種類型的人喜歡交朋友，喜歡和朋友一起玩，他們懂得享受生活，總會讓自己的生活多姿多彩，但是，他們害怕寂寞。這種類型的人往往精力充沛，朝氣蓬勃，工作的彈性大，心情好的時候幹勁十足，情緒不好的時候，工作很消極。

其實，帽子的款式有上千種，在這裡就不再一一贅述了。一般來說，戴什麼樣的帽子，最主要的是看什麼場合。因為，帽子不僅僅是裝飾自己的形象，更是自己性格特徵的外露。

2．透露男兒「本色」的領帶

自從西服誕生以來，一直都是男人服飾中的佼佼者。聖羅蘭大師（Yves Laurent）曾說過：「男人的一套西裝應配備不少於十條領帶。」而每當我們審視男人服飾的時候，首先要看的往往是領帶。從一條小小的領帶的類型、打法中，我們可以看到男人的內心世

界，了解到他們做事的原則和人品秉性等。

下面，讓我們一起透過領帶的打法和類型了解男人。

① 領帶結大小適中

一般打這種領帶結的男人，往往會安分守己，通常會精神抖擻、容光煥發，是真正的工作狂。他們積極上進，把大部分的精力和時間都投放到工作中去，也常渴望得到上司的誇獎。這種類型的人在社交的過程中，不會輕舉妄動，他們非常注意自己的言談舉止，顯得彬彬有禮。

② 領帶結小而緊

這種領帶的打法，會使身材瘦小的男人略顯「高大」一些。通常，打這種領帶結的人氣量狹小，疑心重，比較孤僻。無論是在生活還是工作中，他們都會謹言慎行，小心翼翼。這種類型的人喜歡物質享受，唯錢是利，他們比較自私，不會允許別人對自己有一丁點的輕視和怠慢，因此，朋友甚少。不過他們也樂於孤軍奮戰，不會想著去改變這種狀態。

③ **領帶結大而鬆**

打這種領帶結的男人，大多數風度翩翩，生活態度積極，崇尚自由自在的生活，不喜歡被別人拘束。這種類型的人，交際能力比較強，喜歡主動去與別人交談，深受女人的青睞。在工作中比較受老闆的器重，因為他們總能盡善盡美地完成工作。

④ **點狀領帶**

喜歡打這種領帶的男人，通常視野寬闊，但是急功近利。他們對工作非常認真負責，事業心非常重，對薪資非常專注。這種類型的人不會主動去與人交談，但對於志同道合的人，卻可以談天說地，無話不談。

⑤ **線狀領帶**

喜歡打這種領帶的男人，一般忠厚老實，循規蹈矩，但也不缺乏鬥志，他們在奮鬥中表現自己的能力。在生活中，他們比較容易滿足，適當的時候能主動去與別人交談。這種類型的人是值得託付終身的伴侶，因為他們對感情比較專一。

⑥ **變形蟲式或花型領帶**

喜歡打這種領帶的男人，比較溫文爾雅，擁有藝術家的氣質，他們能按照理想設計自己的生活，並善於執行。在生活中，總喜歡付出，總相信付出就會有回報。他們與世無爭，待人真誠，非常和藹可親，樂於幫助別人，因此大多數人都喜歡與他們交朋友。

⑦ **純色領帶**

喜歡打這種領帶的男人非常穩重，少年老成，善於辨別是非，有很強的正義感，做事乾脆，不拖泥帶水。他們屬於魅力男人一族，深受人們的歡迎，無論在哪裡，都能成為焦點。與這種類型的人交朋友，比較輕鬆，因為他們會扮演老大哥的角色，處處照顧別人。

⑧ **卡通圖案的領帶**

喜愛打這類領帶的男人，大多數風度翩翩，充滿朝氣和活力，但是熱衷於名利。在工作中比較愛動腦子，雖然不夠專心，但總能為公司出一些好主意，因此常令上司哭笑不得。這種類型的人比較講義氣，當朋友有困難時總會挺身而出，但是對待感情不夠專一，是一個超級花心大少。

隨著社會的發展，各式花色、款式的領結已經湧入時尚男士的衣櫥，各種鮮亮色彩的領帶在他們身上隨處可見。而透過男人的領帶，觀察和判斷他們的性格、品味等特徵，是比較簡單的一種方式。

3 · 手提包所洩露的性格訊號

無論是在生活還是工作中，或是學習中，都會看見人們提著各式各樣的包。對於生活在這個物質社會的人們來說，手提包不但可以裝一些瑣碎的物品，還可以彰顯自己的個性。其實，手提包是一種無聲的語言，透過這種語言，我們可以觀察他們的性格、心理等特徵。現在，讓我們從以下幾種典型的手提包來認識包的主人。

① 喜歡公文包的人

這種類型的人，大多數對自己充滿自信，對自己的要求很高，不善言笑，缺乏幽默。他們辦事比較小心和謹慎，待人非常嚴厲。在工作職位中，他們往往能得到上司的欣賞。但是對於生活中的很多事情，他們的想法過於簡單。

② **喜歡休閒包的人**

這種類型的人，一般比較積極樂觀、熱情大方，喜歡運動、社交等，屬於社會型的人。他們做事比較有上進心，能夠有效地安排自己的工作、生活和學習。因為他們比較懂得享受生活，所以在與人的交往中，總喜歡去一些比較熱鬧的場所，常常為大家製造一些愜意的氛圍。

③ **喜歡有民族氣息的包的人**

這種類型的人，自主意識很強，個人主義意識嚴重，思維方式獨特。他們喜歡與眾不同的打扮。與他們交往比較困難，因為他們比較執著，即使自己的想法是錯誤的，但也要堅持到底，基本上不會承認自己的錯誤，這也是他們在工作中的一個致命點。

④ **喜歡短手把提包的人**

這種類型的包相對來說比較小，用起來不方便，一般喜歡這種包的人性格比較脆弱，經不起什麼大的挫折，個人意識比較強。在工作中，遇到難題的時候容易退縮。與這類人交往，需要很大的耐心，因為你可能經常需要花幾個小時去傾聽他們訴說的一些不開心的事情。

⑤ **喜歡中型肩帶包的人**

這種類型的人，獨立意識比較強，非常積極樂觀，但是比較保守。他們渴望自己有獨立的空間，因此交際圈比較狹小，朋友不多，但是大多數都是知心的。在工作中，他們比較小心穩重，遇事不慌，對自己的未來總是充滿信心。

⑥ **喜歡超大型包的人**

這種類型的人，大多數比較喜歡自由，不喜歡受別人的拘束，缺乏責任感，生活態度散漫。他們很容易與人建立朋友關係，但也很容易破裂。

⑦ **喜歡提「混雜」型提包的人**

在混雜型提包裡的東西，總是擺放得亂七八糟，沒有規則性。這種類型的人比較熱情、慷慨大方，待人殷勤熱情，不計較小事，很隨和，與他們交往比較輕鬆。但是他們辦事不夠細心、謹慎，沒有責任感。

⑧ **喜歡提「整齊」型提包的人**

在整齊型提包內，各種東西都會放得井然有序。這種類型的人自信，有責任感，品性端正，積極上進，但缺乏想像力。他們的做事比較認真、可靠，組織能力很強，對工作比較負責，是老闆的得力助手。他們待人彬彬有禮，懂得享受生活，但是比較嚴肅，有時比較呆板。

⑨ **喜歡提「全面」型提包的人**

全面型的提包裡，總是裝滿了各式各樣的東西，比如眼鏡、通訊錄本子、指甲鉗、針線等，應有盡有。這種類型的人心地善良、知書達理、溫文爾雅，做事比較認真，很能持家。他們對朋友比較真誠，很會關心朋友。

⑩ **喜歡提「收集」型提包的人**

在這種提包裡，往往裝有信函、照片、用過的門票、購物發票等。這種類型的人比較虛榮，愛幻想，缺乏條理性。不擅於處理生活中各種瑣碎的事情，也不喜歡與人交往。在工作中，不夠專心、主動，自以為是。

其實，只要我們細心觀察，就不難發現，我們身邊的很多朋友在買包的時候，往往會選擇一個與舊款基本上相同、顏色也相似的手提包。所以，從這個精美的手提包上，我們可以看到他們的內心世界。

4·透過戴戒指看人的個性

過去，戴戒指是愛的語言，他們戴在手指上的含義和暗示依次是「追、求、訂、婚、離」。但是隨著社會的發展，人們越來越不拘泥於這些常識，戴在哪個手指都無所謂，自己喜歡就行。因此，我們可以透過戒指的類型和戴法，了解戒指主人的性格特徵、品性等。

① 喜歡戴在大拇指上的人

戴在左手上的人，一般比較自信、隨和，不會與朋友計較，樂於幫助別人，因此受到很多人的擁護，是一個很有能力的領導者。戴在右手上的人，他們大多數對自己充滿自信，但是比較驕傲自滿。無論是在工作還是生活中，他們都不在乎自己的言行，做錯事情也不會承認，常自作主張，不聽別人的勸告，自以為是。

② 喜歡戴在食指上的人

戴在左手上的人，他們大多數都很有耐心，個性開朗，比較獨立。他們對工作很感興趣，是一個勤奮的工作者，而且工作效率很高。他們比較喜歡打扮，追求品牌，對那些庸俗的東西不屑一顧，也常常喜新厭舊。戴在右手上的人，一般比較執著，喜歡與人競爭，常為了達到某一目的，不惜與人發生爭執，甚至大動干戈。這種類型的人，比較適合做生意，而且會有很大的成就。

③ 喜歡戴在中指上的人

戴在左手上的人，一般比較溫文爾雅，謙虛友善，自尊心比較強。他們注重自己的儀表，無論是在什麼場合，都會穿得很高雅。他們重視朋友，珍惜友情，常幫助那些有困難的朋友。戴在右手上的人，大多數比較有耐心，是理想主義者，但是缺乏情調，在工作中只追求結果，不在乎過程，但是很有責任感。

④ 喜歡戴在無名指上的人

戴在左手上的人，大多數屬於家居型的人，喜歡過那種安穩的日子。他們責任心強，但缺乏冒險精神。這種類型的人很善良，很有孝心，可以為了照顧家中老人放棄自己的某些追求。戴在右手上的人，一般比較開朗活潑，積極上進，遇到挫折時，能夠很快地就調整自己的心態。他們很愛說話，常有說不完的話題，因此與這種類型的人交朋友，比較輕鬆、快樂。

⑤ **喜歡戴在小指上的人**

戴在左手上的人，一般比較喜歡研究命理，有膽識、見識廣闊，也常贏得別人的信賴和尊重。但是這種類型的人比較自私、自傲，他們渴望與眾不同，因此常暗中孤芳自賞。戴在右手上的人，他們大多數非常善良、隨和，對愛情很專一。他們的數理化比較好，喜歡看相、星座和研究國學。與他們交朋友比較快樂，因為他們懂得去讚美別人，適當時候還會給別人拿主意。

⑥ **喜歡戴鑽戒的人**

這種類型的人，一般驕傲自滿，個性比較張揚。他們喜歡做一些與眾不同的事情，以此來引起人們的矚目。他們思想活躍，因此總會完美地完成自己的工作，但往往會因自己的一點成就而沾沾自喜。他們比較挑剔，似乎對什麼都看不順眼。因此與他們交朋友比較費心。

⑦　**喜歡戴玉戒的人**

這種類型的人，想像力比較豐富，行動能力不強。他們很在意自己的外表，認為外在比內在重要，不注意提高自己的內在修養。因此，外看很有魅力，實則虛有其表。他們做事沒有什麼規畫性。

⑧　**喜歡戴銀戒的人**

這種類型的人，大多數很有想法，想像力豐富，創造能力強。無論在生活還是工作中，他們都非常積極，對什麼事情都充滿信心。他們很愛表現自己，希望得到別人的重視，在很多時候他們知道應該如何去表現自己。

5．從佩戴的手錶看人的性格

人們常說：時間就是生命；浪費時間就是浪費生命。也有人說：時間就是金錢，如果一個人缺乏時間觀念，就很快被社會淘汰。隨著商品經濟的發展，手錶的功能逐漸增強，款式越來越多。它已經不只是一個簡單的計時器，還是一種裝飾品。人們佩戴錶的習慣常常是由他們的性格去決定的，所以我們可以從所佩戴的錶去了解一個人。

①　**喜歡電子錶的人**

這種類型的人，比較獨立、務實。他們喜歡那些實實在在的，能看得見、摸得著的東西，喜歡自由自在的生活，不希望被別人束縛。他們善於掩飾自己的情感，總讓人捉摸不透。

②　**喜歡上發條錶的人**

這種類型的人，一般比較獨立堅強，但為人處事很冷漠。他們喜歡自己動手做事情，比較重視做事的過程，對那些輕易獲得的成功不屑一顧。這種類型的人喜歡平靜的生活，希望有自己獨處的空間，所以不喜歡與人打交道。

③　**喜歡錶面沒有數字的錶的人**

這種人的抽象化思維很強，一般比較理性，比較聰明，喜歡玩益智遊戲。他們善於表達，對於一些原本抽象無法讓人理解的事物，都能向人們解釋得清清楚楚。但是他們認為鍛鍊一個人的智力很重要，因此很多時候都不會把事情說得一清二楚。他們對很多事情都表現得很隨意，因此常讓身邊朋友感覺他們不在乎自己。

④ **喜歡鬧鐘型手錶的人**

這種類型的人，對自己要求嚴格，很有責任心，時間觀念比較強。他們做事很有規畫性，到了什麼時間就去做什麼事情。他們很有領導才能，但有時顯得過於保守，缺乏創新意識。

⑤ **喜歡懷錶的人**

這種類型的人，一般男性居多。他們大多數善於把握自己，適應能力很強，能夠及時地調整自己的心態，但比較懷舊，喜歡收集一些以往的東西。他們的言談舉止優雅，具有較高的文化修養和比較濃厚的浪漫氣質。他們為人處事很有耐心，重視人與人之間的感情。

⑥ **喜歡液晶顯示手錶的人**

這種類型的人一般比較節儉，懂得精打細算，喜歡簡單安穩的生活。他們比較單純，想法總是很天真，喜歡做那些簡潔方便的事情，而那些抽象複雜的事物總是讓他們傷透腦筋。在選擇朋友方面，他們則非常認真謹慎，比較挑剔。

⑦ **喜歡樣式奇特的手錶的人**

這種類型的人一般愛慕虛榮，比較善變，沒有自己的主見，常為了迎合別人而改變自己。他們大多數都很重視外表，很在乎自己在別人心中的形象和地位，總是為了吸引別人的注意而大肆渲染自己。

⑧ **喜歡有幾個時區手錶的人**

這種類型的人一般比較聰明，有智慧，但是喜歡想像，是個白日夢高手。雖然他們的心中有很多想法，但不會去付諸行動。做事三心二意，沒有責任心，常逃避自己的責任。與這類人交朋友要小心，因為他們大多數不會付出自己的真心，甚至有時還會出賣朋友。

⑨ **喜歡戴在左手的人**

戴在左手內側的人，一般創新意識比較強。他們喜歡新鮮的事物，做事比較標新立異，在工作中常深受領導的賞識。但是在感情上總舉棋不定，往往會錯過一段美好的感情。戴在左手外側的人，大多數比較開朗大方，待人真誠，工作比較認真負責，是領導的得力助手。但是有時候也感覺空虛，大多數是在熱鬧聚會過後，就暗自傷心。

⑩ 喜歡戴在右手的人

戴在右手內側的人，大多數比較熱情開朗，而且具有冒險精神。與他們交往非常開心，因為他們總是熱情奔放，笑聲不斷，懂得製造輕鬆的氛圍。戴在右手外側的人，一般眼光長遠，心思縝密，頭腦靈活。他們比較寬容，重義氣，因此，有很多要好的朋友。他們有很強的意志力，從不會輕易向困難低頭。

手錶是在我們日常生活中最常用的對象之一。但是，透過腕間那個暗藏的玄機，我們不但可以看到一個人的生活品味和地位，還可以看到他們的個性與內心的世界等。

6 · 眼鏡戴出人的性情特徵

雖然隱形眼鏡在日益普及，但是傳統的眼鏡卻也隨處可見，它已經擺脫了以往單調、厚重的古老式樣，變得愈來愈輕巧、精緻。現在眼鏡不再是近視者的專利，不近視的人也喜歡佩戴，因為眼鏡已逐漸演變成一種飾物，透過一副精美的眼鏡，可以宣揚自己的個性。因此，透過一副小小的眼鏡，我們可以看透它們的主人。

眼鏡的種類有很多，下面我們選擇幾種比較典型常見的眼鏡進行分析。

①戴圓框形眼鏡的人

這種類型的人大多數是女性。他們一般比較善良、含蓄，舉止優雅，比較偏愛文學，想像力很豐富。在工作中，比較認真負責，但由於太善良，常常被同事欺負。對於愛情比較含蓄、專一，只要付出了真心，便永不改變，因此往往陷入很深。有時候，他們過於單純，看問題比較簡單，所以比較容易上當受騙。

②戴方框形眼鏡的人

這種類型的人，一般個性很獨特，比較自信，但有些頑固。他們做事比較執著，對於決定要做的事情，無論遇到什麼困難，都會做到滿意為止，因此，常得到領導的表揚和信任。他們很聰明，腦子很靈活，不過有時候卻很自負。在愛情方面，他們讓人捉摸不透，有時冷若冰霜，而有時卻又熱情似火。但是他們非常重情義，因此擁有很多知心的朋友。

③ **戴橢圓形眼鏡的人**

這種類型的人，大多數性格內向，沉默寡言，缺乏靈氣，但卻是一個非常可靠的老實人。他們做事情比較認真負責，總是很完美地完成自己的工作，但由於不擅於表達自己的想法，因此很難得到升遷的機會。對待愛情，總是畏首畏尾，雖然很想改變這種狀態，但是卻又無從下手，因此這種類型的人不少要經歷多次真愛才能苦盡甘來。

④ **戴蝶形框眼鏡的人**

這種類型的人，大多數感情豐富，但個性比較囂張，目中無人，常孤芳自賞。他們比較有氣質，很受人們的關注，常處於領導者的地位。在工作中，主動性很強，對什麼事情都能充滿信心，總能以自己獨特的方式去完成上司交給的任務，因此常得到領導的表揚。這種類型的人在愛情方面也是比較主動，而且不在乎偶然的失手。跟他們打交道，要有耐心，因為他們做事總是風風火火，來去匆匆。

其實，選擇什麼樣的眼鏡，也是一門很大的學問，我們不僅憑自己的喜好去選擇，還根據自己的臉型、頭型去選擇，而且還要選出自己的個性來，這就需要我們深度地了解自己。

7・透過佩戴的項鍊看人識人

過去，項鍊是女人的專利，男人為了討好女人，往往會買一些美麗的項鍊作為禮物，而女人常常炫耀自己的項鍊以示財富。但是現在，無論是男人還是女人，總喜歡在脖子上戴一條簡單樸實的項鍊，或是一條奢侈華麗的項鍊，因為，透過項鍊，他們變得更加灑脫和美麗。其實，項鍊不僅僅是一種裝飾品，透過脖子上的項鍊，我們也可以了解一個人的性格和自尊心的強度。

①　**喜歡佩戴高價奢華項鍊的人**

這種類型的人一般比較自信，獨立意識很強，但性情孤傲。他們喜歡自由自在的生活，不屑於與人交往。他們的自尊心很強，而這種強烈的自尊心往往對異性形成高壓的姿態，因此，很多異性對他們避而遠之。

②　**喜歡佩戴粗條金項鍊的人**

這種類型的人，大多數性情特別外向，開朗大方，但是比較重視物質享受。他們對金錢及物質的欲望很強，在談戀愛的時候，大多數人會提出較高的條件。他們的感情起

伏很厲害，當自尊心受到傷害時，就會採取攻勢，所以與這種類型的人談戀愛要慎重。

③ **喜歡佩戴簡單樸實項鍊的人**

這種類型的人大多數性格比較溫和，心地善良，是賢惠型的人。他們的想像力豐富，比較浪漫，很有藝術細胞。他們的自尊心很強，但是不喜歡過多地顯露在外面。他們非常聰明，對自己的能力總是充滿自信，但是意志不堅定，常受到旁人的左右，不能做出正確的判斷。

④ **喜歡佩戴心型項鍊的人**

這種類型的人，一般都是文靜型的人。他們比較保守，憨厚老實，不擅於表達自己，談戀愛時也比較內斂，不容易開口說出自己的想法，因此，總期望自己能嫁個可靠的男人。

⑤ **喜歡幾條疊在一起的項鍊的人**

這種類型的人，大多數比較開朗大方，樂觀自信，過分注重自己的外表。他們的個性瀟脫，不喜歡受約束，總是追求物質生活，對金錢有著強烈的欲求。他們酷愛表現自己，總希望得到別人的肯定，當周圍的人不了解自己的魅力的時候，總是顯示出一種不滿足的樣子，也常處於這種欲求不滿的狀態。

三、妝容：內心世界的顯露

對於一些時尚的女性來說，化妝臺就像是她們的戰場，每天都會按部就班地上演一場場「戰役」。其實，無論男性還是女性，妝容都一樣的重要，因為它可以讓我們變得更漂亮，並找回自己的自信。

1・不同的妝容反映不同的心理

愛美之心，人皆有之，特別是女人，她們更鍾情於美。而為了讓自己變得更加美麗，人們總會精心打扮自己。一般來說，由於女人的性格、心理等不同，在化妝上也存在著很大的差異。因此，我們可以從女人所化的妝來看透她們的心理。

① 喜歡化淡妝的人

化淡妝的女性一般比較文靜，自我表現欲不強，不希望別人注意到自己。她們對自己的要求不高，只要過得去就行。她們大多數很聰明，比較有智慧，在事業上有一定的成就。這種類型的人很有主見，知道自己想要什麼，不會輕易地說出自己的想法。她們不喜歡別人觸及到她們自己的隱私問題，並希望別人能夠尊重和諒解。

② 喜歡化濃妝的人

與化淡妝的人相反，她們有很強的自我表現欲望，希望能夠吸引別人矚目，尤其是吸引異性的目光。這種類型的人一般具有外向型性格，熱情大方，樂觀開朗，個性直率。她們的思想比較開放、前衛，有點偏激，常做一些讓人目瞪口呆的行為。她們的自我意識很強，常我行我素，不在乎別人的看法。

③ 喜歡流行妝的人

這種類型的人，大多數性格比較外向，城府不深，但比較虛榮，自我表現欲很強。她們沒有自己的個性，基本上跟著潮流走，總是站在時尚的前端，能夠很快地接受新鮮事物。她們一般沒有主見，因此，無論是生活還是事業上，總是沒有什麼規劃，也沒有自己明確的目標，比較盲目，而且對金錢欲望很強，不知道節儉。

④ **喜歡自然妝的人**

習慣化自然妝的人，一般比較傳統和保守，性格內向，思想比較單純，待人真誠，富有同情心和正義感。她們不擅於與人交談，但是對朋友比較忠誠，因此人緣比較好。但是她們不夠堅強，因此面對困難和挫折的時候常表現得很軟弱。

⑤ **花很長時間去化妝的人**

能花很長的時間去化妝的人，一般都是完美主義者，對什麼事都追求盡善盡美。她們大多數都很有耐心和毅力，能花很長的時間和精力在一件事情上。但是她們不夠自信，總希望透過化妝能夠增強自己的自信心。

⑥ **喜歡長期化同一種妝的人**

這種類型的女性，大多數比較傳統保守，有很強的懷舊情緒，常陷入到過去的美好回憶中，但也能快速從中走出來。她們講究實際，會極力把握好現在所擁有的一切。她們很善良，熱情大方，善解人意，因此人緣非常好，擁有很多朋友。

⑦ 喜歡異國妝的人

所謂的異國妝是指外國流行的妝。一般喜歡這種妝的人個性很強，想像力比較豐富，很有藝術細胞，希望自己能成為一名藝術家。她們追求自由自在的生活，不喜歡受到別人的約束。她們常常有許多令人詫異的獨特想法，是一個完美主義者。

⑧ 做什麼事都化妝的人

她們無論做什麼事情，就連出門散步也會化一下妝。這種類型的人多對自己沒有信心，企圖透過化妝來掩飾自己的不足。她們善於掩飾自己，很少把自己的想法透露出去。

⑨ 化妝時對某一部位比較專注

這種類型的人一般知道自己的優點和不足，懂得揚長避短，讓自己變得更完美。她們大多數比較理性，很現實，為人處事很成功，不是那種生活在幻想中的人。她們很有自信和進取心，一旦確定了目標，就會馬上執行，並相信透過自己的努力一定會成功的。而當遇到困難的時候，她們也會勇往直前，不會輕易退縮。

2．從口紅的選擇看人識人

據調查，有將近百分之五十的女性基本上每天都使用口紅，她們中的許多人覺得塗口紅如同穿好衣服一樣重要。其實，嘴唇是最吸引男性的一個地方，而口紅是點綴它的一個亮點。一般而言，女人的化妝袋中都會有幾支不同顏色的口紅，但是不管有多少支，都會有一支是她們最喜歡的主色系。因此，我們可以從所用的口紅的顏色中分析她們的性格、內心等。

①　**喜歡粉紅色口紅的人**

喜歡這種口紅的女性，大多數性格內向，不擅言辭，比較單純，而且喜歡冒險，想像力非常豐富。她們無論是對朋友還是親人都有比較強烈的依賴心，有時候還比較小孩子氣，不夠成熟。她們很受男人喜愛，總是對戀愛抱有很大的希望。這種類型的女性，一般個性變化多端，情緒不穩定，容易受到外界的影響。

②　**喜歡紅色口紅的人**

這種類型的女性，一般比較開朗大方，獨立意識強，非常自信。她們做事比較認真

和穩重，而且有遠見卓識，很受他人的信任。她們喜歡交朋友，為人熱情真誠，能夠及時地向有困難的朋友伸出救援之手，因此，她們擁有很多要好的朋友。

③ 喜歡橙色口紅的人

橙色一般給人的感覺比較溫柔親切。喜歡這種顏色口紅的女性大多數比較理智，有理想，是一個完美主義者，但能清楚地認識現實。她們能夠自我控制，判斷能力也很強，是一個盡忠職守的優秀職業女性。她們對愛情比較忠誠，肯為了男人而犧牲自己，但是一旦遭到背叛，往往會有很強的報復心。但是在家庭中，她們是典型的賢妻良母。

④ 喜歡褐色口紅的人

褐色給人的感覺比較深沉、平和。喜歡這種顏色口紅的女性一般很聰明理智，自信心很強，但很有心機。她們很注重自己的形象，對流行的類型也很敏感，肯花時間修飾自己。她們的事業心很強，辦事能力很強，幾乎什麼事情她都能辦得很好。她們有目標，很堅強，往往會為了追求自己的理想而不顧一切艱難險阻。她們對愛情要求很嚴格，能冷靜對待，對男性也有敏銳的觀察力。這種類型的女性有大局觀，懂得在適當時候表現自己，給人的印象很好，人緣也非常好。

⑤ **喜歡紫色口紅的人**

這種類型的女性，大多數比較重視自己的個性，非常清高孤傲，而且喜歡表現自己，希望成為人們的焦點。她們注重自己的形象，喜歡淡妝濃抹，虛榮心很強，追求奢華的生活，不喜歡那種平凡的生活方式。她們獨立意識強，很有主見，不容易因他人而改變自己。她們總給男性一種難以接近、不易被引誘的感覺，但反而對男性很有誘惑力。

⑥ **喜歡珍珠色口紅的人**

一般用這種口紅的女性，個性比較開朗，自我主張明確，能夠坦誠地面對自己的欲望，並且喜怒哀樂都表現在臉上。她們好奇心強，有冒險精神。她們喜歡自由地享受生活，不喜歡受到別人的約束。在戀愛方面，她們希望能夠擁有個人空間，討厭受男性束縛，而且易被比自己年少的男性所吸引。

看到這裡，你是否也覺得口紅裡隱藏的心理祕密還真不少？其實，我們可以用這個方法了解自己，還可以了解別人、理解她人，讓自己成為一個善解人意的人。

3・從所使用的香水看人

常言道：「聞香識女人。」自古以來，香水是女性裝扮美麗之物中最重要的物品，它可以讓女性的魅力和氣質在幽幽香芬中釋放並成為焦點。但是在現代社會中，香水已不僅僅是女人的專利，它還是男人們的最愛。而透過人們身上隱隱的清香，我們可以觀察一個人的性格、心理世界……

①使用清淡香水的人

一般使用這種香水的人，性格比較內向，言語不多，多愁善感，但心思細膩。他們沒有主見，喜歡一成不變的生活，不論對什麼事情都是抱有無所謂的態度。他們自我表現欲望不強烈，能盡量地配合他們，因此，在工作上雖然沒有什麼大的成就，但也不會得罪別人。他們不善與人交往，但心地善良，富有同情心，懂得為他人著想，因此人緣很好。

②使用濃郁香水的人

使用這種香水的人，大多數個性比較張揚，自我表現的欲望強烈。他們對自己非常自信，不喜歡受別人約束，並且有明確的自我主張，常以個人為中心，顯示自我。他們很勇敢，有很強的好奇心和冒險精神，喜歡向新鮮的事物挑戰。這種類型的人對時尚很敏感，虛榮心和嫉妒心都很強。

③ **使用一流名牌香水的人**

這種類型的人，大多數個性特別外向，自我感覺良好，喜歡向別人展示自己的優勢。他們目標很高，而且富有挑戰心和進取心，追求刺激的生活，討厭普通平凡的生活。他們很聰明，具有菁英意識，言行舉止很優雅，但喜歡賣弄自己。

④ **使用普通香水的人**

這種類型的人，一般比較隨和，感情豐富，待人熱情真誠。他們善於思考，考慮問題獨特周詳，喜歡鑽研哲學和宗教。他們比較忠厚老實，處處為別人著想，因此非常受歡迎，與他們交往也是比較輕鬆。

⑤ **不使用香水的人**

不用香水的人多是個性直率，放蕩不羈，不喜歡受到別人的束縛，喜歡自然純樸的事物。他們很有自信心，做事乾脆俐落，比較爽快。他們比較現實，不會刻意追求浪

漫，喜歡那種平淡的生活。與這類人交往比較輕鬆自然，因為他們待人熱情，為人大方，是可以依賴的人。

有的人時而喜歡清淡的茉莉花香味，時而又喜歡濃郁的玫瑰花香味……事實上，人的性格一般都是穩定不變的，因此，適合自己的香水也是不變的。而透過聞香識人也是一種不錯的捷徑。

4．透過髮型了解人的性格

無論在什麼地方、什麼場合，我們都會看到各式各樣的髮型，也常會對一些稀奇古怪的髮型津津樂道。我們常會為自己應該選擇什麼樣的髮型而煩惱，其實，無論我們怎麼挑來挑去，始終都是喜歡那一兩種固定的髮型。因此，透過人們的髮型，我們可以觀察其性格特徵。下面，先讓我們一起從幾種典型的髮型來了解女性。

①　喜歡自然飄逸的長髮

這種髮型一般是永不會被流行所拋棄，無論在哪個時代，都會有人喜歡。一般喜歡這種髮型的女性比較清純可愛，是典型的東方女性。她們喜歡浪漫，相信愛情，追求那種恆久不變的愛情，拒絕驚天動地式的愛情。無論是對朋友、情人還是親人，她們都保持著互相尊重、互相幫助的心態，因此，常常贏得他人的信任和尊重。

② **喜歡捲曲的披肩長髮**

喜歡這種髮型的女性一般比較成熟老練，充滿魅力。她們非常有主見，並且堅持自己的立場，不容易受別人的影響。她們做事很謹慎，但同時又具備創新的活躍性格，因此思想跳躍性很高。她們表現得風情萬種，很容易俘虜男人的心，可是由於她們比較沉穩謹慎，因此不管男方是如何優秀，都不會輕易地付出自己的真心。

③ **喜歡清爽的學生短髮**

這種類型的女性，大多數個性比較開朗活潑，單純可愛，喜歡幻想。她們很善解人意，待人熱情，因此與她們相處感覺很輕鬆愜意。她們很嚮往愛情，一旦愛上就會義無反顧，容易沉溺於愛河中。

④ **喜歡突顯輪廓美的新穎短髮**

喜歡這種髮型的女性，大多數情緒起伏很大，而且十分虛榮，嫉妒心很強烈，頗有心機，不擅於交際。她們對於愛情是完全占有的，不容許另一半與其他的異性過於親密。

相對於女人而言，男人的髮型比較簡單，我們就藉以下幾種髮型來認識身邊的男人。

① **喜歡平頭的男性**

這種類型的男性，一般很有大男子氣概，思想相對來說還是比較傳統的。他們喜歡性格比較開朗大方的女性，討厭那種娘娘腔的人。表面上看，他們似乎很粗魯，缺乏溫柔，實質上他們是很溫柔的，而且很在乎別人對自己的看法，也喜歡在他人面前表現自己。

② **喜歡剃光頭的男性**

這種髮型很容易讓人聯想到和尚，其實不僅僅只有和尚才剃光頭，有一少部分的男性也喜歡。一般剃光頭的人喜歡掩飾自己，總給人一種神祕感。他們多是比較粗魯蠻橫，很講兄弟義氣，不過朋友不是很多。

③ 喜歡左分頭的男性

喜歡頭髮往左邊分的男性，性格比較溫和，非常善良，為人慷慨大方，待人熱情。他們很有貴族的氣質，注重自己的形象，喜歡打扮，言行舉止都很高雅。他們很理性，適應力很強，善於發揮自己的優勢。他們追求自由自在的生活，喜歡冒險，但是用情不專，缺乏耐心。

④ 喜歡右分頭的男性

這種類型的男性，大多數愛幻想，是典型的幻想家。他們很有創意，有遠見，喜歡收集新奇的事物。他們不喜歡受到別人束縛，非常排斥那些古老的傳統觀念。他們非常有信心和勇氣，但比較情緒化，不夠理性。

其實，髮型不但可以展現人的性格特徵，更是時尚轉變的前端。因此，一個時尚有魅力的髮型，可以讓你贏來無數的目光。

第二章　從外貌特徵看人識人

人與人之間的交往，外貌長相往往會給人留下第一印象，正如古人所云「相由心生」，也就是說，人的外貌特徵與內心及性格有關，因此，「以貌取人」便成為了人際交往中識人的關鍵。雖然「以貌取人」不是一種理性的分析方式，但經研究顯示，這也是有一定的科學依據的。所以我們要了解一個人，就要讀懂他的五官、體態、手形等傳遞出來的資訊，這也是一種比較直觀的識人方式。

一、五官：隱含的心靈密語

以貌取人是人的天性，當兩個人初次見面的時候，視線首先往往會落在人的五官上。其實，人的五官不僅僅影響著一個人的容貌，對人的性格、內心特徵也有一定的影響。因此我們可以透過人的眼睛、耳朵、鼻子、眉毛、嘴巴等來認識一個人。

1．透過眼睛透視人的心靈

俗話說：「欲察神氣，先觀目睛。」眼睛是人身上最重要的器官之一，具有「靈魂之窗」之稱。短篇諷刺小說大師歐·亨利（O. Henry）曾說過：「人的眼睛都是探照燈！」其實，眼睛不僅僅具有探明作用，更是人們心靈的密碼，是一個人的性格與內心世界的外在表現。無論一個人用多麼高明的技巧來隱藏自己，透過眼睛，我們都能看透他的內心。

①　杏核眼

杏核眼又稱標準眼，眼睛位於標準位置上，形狀如杏核般。這種眼型的主要特點是眼球露出寬度比例適當，外眼角比較鈍圓，黑眼珠和眼白露出都比較多，特別迷人。這種類型的人大多數比較文靜溫和，看似軟弱，實則很堅強。他們很有藝術細胞，能歌善舞，而且有領導力。他們比較善良，很受大家的歡迎，人緣非常好。但如果是男性，則比較花心。

②　丹鳳眼

丹鳳眼的眼皮呈內雙，黑睛內藏不外露，內眼角微微呈鉤狀，外眼角上翹，細長有神，很有美感，是一種比較美的眼型。一般有這種類型眼睛的人智慧聰明，感情比較豐富，愛恨分明，守信用，而且很有藝術天賦。他們喜歡有情調的生活，很懂得享受。

③ **上斜眼**

上斜眼也稱吊眼，外眼角比內眼角高，從正面觀看，兩眼呈反「八」字形。擁有這種類型眼睛的人，大多數比較靈敏機智，目光銳利，個性很倔強。他們無論是對人還是對事，都顯得比較冷淡，而且非常嚴厲。他們做事比較認真負責，會取得一定的成就，但由於自身的性格，在交際方面不是很好。

④ **細長眼**

這種類型眼睛的眼型比較細長，瞼緣弧度很小，瞳仁和眼白露出的不多，給人感覺好像精神不佳。但是這種類型的人很有毅力，而且很有耐心。他們能吃苦耐力，很有責任心，而且有冒險精神，因此會在事業上取得很好的成就。他們對愛情很專一，是那種從一而終的人，因此在家庭生活中是比較幸福的。

⑤ **圓眼**

圓眼也稱荔枝眼、虎眼，瞳仁和眼白露出的比較多，眼睛顯得大而有神。一般這種類型的人比較聰明智慧，機智過人，個性直率開朗，但比較感性，常把持不住自己的感情和情緒。他們好奇心強，喜歡冒險，做事很積極，很有衝勁，責任心強，但是意志不夠堅定，容易受到外界的誘惑。如果眼睛水汪汪的，則是一個多情的人，可能會有一些風流韻事。

⑥ **瞇縫眼**

瞇縫眼的長寬比例比細長眼均小一點，瞳仁、眼白大部分被遮擋，眼球顯小。這種類型的人，大多數比較憨厚老實，待人溫和，善於思考問題，屬於理智型的人。他們喜歡平凡的生活，不喜歡與人爭執，與他們打交道比較開心。

⑦ **小圓眼**

小圓眼的瞼緣呈小圓弧形，眼角稍鈍，瞳仁和眼白露出很少。一般這種眼型的人比較機靈，很執著和細心。他們很有想像力，總愛做一些不著邊際的夢，但為人很內向，不喜歡交朋友，因此社交圈不大。

⑧ **三角眼**

三角眼形狀近似三角形，一般中老年人多見，但也有先天性的三角眼，只是比較少。有這種眼睛的人，有的比較有正義感，性格忠厚老實，但有的性格暴躁，占有欲比較強烈，為人很自私。這種類型的人一般沒有耐心，而且容易陷入感情的深淵。

⑨ **桃花眼**

桃花眼的眼尾略彎，眼長，四周略帶紅暈，眼形似若桃花，瞳仁常往上面作斜視，眼色混濁。一般有這種眼睛的人都比較貪婪，性格怪異，情緒變化無常。他們比較多疑，不會輕易相信他人，也很少用真心待朋友，因此，雖然朋友很多，但知心的沒幾個。

⑩ **下斜眼**

下斜眼也稱垂眼，外形特徵與上斜眼相反，從正面觀看呈「八」字形。有這種眼睛的人大多數膽子比較小，沒有冒險精神，做事的時候不喜歡單獨行動。他們缺乏判斷

力，做事比較果斷，但這種類型的人，沒有什麼心機，待人很真誠，因此，與這類人打交道大可放心。

⑪ **三白眼**

三白眼的眼白比較多，瞳仁很小，瞳仁靠近眼白的一邊，它的周圍有三個地方出現眼白。三白眼可以分為下三白眼和上三白眼。下三白眼的瞳仁比較靠上，上三白眼的瞳仁比較靠下。三白眼類型的人屬於野心家，他們的個性比較豪邁，直覺敏銳，物質欲很強，比較虛榮。他們很少以誠交友，常以自我為中心，比較喜歡駕馭他人，因此容易被別人孤立。

⑫ **四白眼**

四白眼就是瞳仁在中央，四面都是眼白，屬於比較少見的一種類型。這種類型的人一般頭腦比較靈活，但很有心計，比較冷酷狡猾，做事情不顧一切，為了達到目的而不擇手段。他們比較喜歡裝作無辜的樣子，以博取他人的同情。其實這種類型的人，大多數身體狀況欠佳，因此，如果自己身邊的人有這種眼白，需要注意提醒他們注意身體。

在現代社會中，我們難免會接觸到各類人，為了讓自己能夠在這個社會上立於不敗之地，除了以誠待人之外，還需多留意一下別人的外貌特徵，特別是眼睛，因為眼睛是心靈的視窗，是最能洩露一個人祕密的器官。

2．容易洩露祕密的眼皮

眼皮是很小的一部分，卻發揮到保護眼睛的作用，它在不經意間也洩露出主人的祕密。因為，無論我們怎麼化妝，始終無法掩飾眼皮的語言。所以，我們可以透過觀察人的眼皮來認識人的心理、性格特徵等。

① 雙眼皮

無論是在東方還是西方，擁有這種眼皮的人都是占有很大的比例。他們大多數個性比較開朗大方，知覺性強，適應性優越，而且執行力很強，因此，在工作中很受上司的讚賞。他們待人真誠熱情，對朋友關心備至，很受歡迎，知心朋友也很多。他們的感情很豐富，對於別人一些貼心的舉動，或是噓寒問暖都非常容易被感動，特別是來自異性的。但是他們的抵抗力比較弱，容易受到外界的影響和誘惑。

② 單眼皮

經許多研究顯示，單眼皮的人個性比較冷靜沉著，邏輯性、觀察力、集中力都比較強。他們一般都有很強烈的好奇心和冒險精神，而且意志都很堅強，一旦自己決定的事情，就會堅持到底。他們做事很細心、謹慎，耐力很強，能夠承受較大的壓力，往往可以成為組織的主管人才。他們沉默寡言，對感情比較含蓄內斂，即使平時很欣賞很喜歡的人站在自己的面前，也盡可能的保持鎮定，不會露出一絲痕跡。他們待人很真誠，實則熱情，但表現卻讓人感到冷漠。不過，由於他們比較細心，懂得為朋友著想，因此知心的朋友有很多。

③ 內雙眼皮

擁有這種眼皮的人不多，他們一般都比較善解人意，屬於感性和理性平衡的人，不會過度熱情，也不會太冷漠。他們能夠很好地掌控自己，會適時表達自己的感情，不會扭扭捏捏，也不會過於熱情，因此，不會發生會錯意的情形。他們很有事業心，工作責任心強，比較細心，因此在工作中常受到上司的賞識，也會有一定的成就。

在現代社會中，一些人為了讓自己擁有一雙大眼睛，往往將單眼皮手術成雙眼皮。

其實，這是一種愚蠢的做法。因為，從進化的角度來說，單眼皮比雙眼皮的進化程度要高。單眼皮相對於雙眼皮，更能保護我們的眼睛。而且研究顯示，單眼皮的人往往要比雙眼皮的人理智冷靜，邏輯力和觀察力比較優越。

我們不但可以透過眼皮看透一個人的個性特徵，還可以從眼瞼周圍出現的眼窩、皺紋、垂腫等現象來看人的年齡，而且還可以透過下眼皮來了解一個人的疲勞程度。一般比較疲勞、睡眠不足，或是過度鬱悶和苦惱，都會形成黑眼圈。而根據這點，我們可以了解自己和別人的身體狀況。

3．透過眉形看人識人

眉是眼睛的「上簷」，它的功能除了保護眼睛不受雨水和汗水浸漬外，還可以使人的輪廓更加清晰，表情更加生動。常言道：「眉目傳情」，可見眉毛不但能夠保護眼睛，影響自身的面貌，還可以分析一個人的性格，它是人臉部最富於性格特點的部位。下面就讓我們從不同的眉形來進行分析。

①**濃眉**

濃郁的眉毛會給人一種精力充沛，較有威力的感覺。而擁有這種眉毛的人，一般個性比較剛強傲慢，一意孤行，比較執著，也容易感情用事。他們不喜歡交際，喜歡獨處，待人不夠誠懇，自我意識很強，而且是以自我為中心。他們不夠細心，容易忽略細節，而且做事很武斷，工作方面的事情總是不放心他人，能自己做的盡量自己做。

②**淡眉**

擁有這種眉形的人，是腳踏實地的典型人物，做事很穩健，但意志力不夠堅定，而且缺乏計畫性，不過能言善辯。他們思想比較簡單、傳統，害怕變化，難於適應新的環境，缺乏領導力和上進心。他們比較認真負責，不會輕易地換工作，雖然在工作中沒有什麼大的發展，但也會小有成就。

③**粗眉**

眉毛比較粗而多的人，大多數個性倔強，比較高傲，勇於冒險。他們做事比較積極主動，但是總是我行我素，不輕易相信他人，因此人緣不是很好，容易得罪他人。這種類型的人，對很多事物都看得不透澈，而且不夠細心，做事考慮得不夠周全，因此，事業上有成就的機率比較小。

④ **短眉**

這種眉比較短，不及過眼睛的長度。短眉之人，大都比較自私，上進心不強，個性倔強，性格屬於激情型的，易怒急躁，與家人的關係不和睦。他們常生活在自我的世界中，不喜歡與他人交往，不過他們的意志很堅強，能夠克服重重困難，並靠自己的努力奮鬥取得成功。

⑤ **八字眉**

兩眉成八字形的人，大多數性格開朗，精明能幹，考慮事情比較周詳，因此，在事業上大有所成。他們為人隨和，心胸廣闊，與世無爭，不會刻意地去強求別人，喜歡替別人考慮，因此人緣非常好，每當遇到困難時，總會有朋友出來相助。但是他們比較容易受到人情的困擾，常被牽著鼻子走。

⑥　一字眉

所謂一字眉，是指左右兩邊的眉毛比較直，形似一字。擁有這種眉形的人，一般冷靜沉著，對錯分明，富有鬥志。他們對自己的要求很嚴格，思想縝密，做事很有計畫，而且果斷明快，很有魄力，是一位優秀的領導者。他們個性比較剛強，做事一絲不苟，喜歡做一些挑戰性比較強的工作，而且不容易受到周圍環境的影響。他們對愛情比較專一，而且善解人意，因此會擁有一個幸福美滿的家庭。

⑦　**柳葉眉**

這種眉形的彎曲幅度比較大，而且從眼頭長到眼尾的後方，形如柳葉般。擁有柳葉眉的人，大多數個性比較溫柔細膩，多愁善感，屬於優柔寡斷型。他們對朋友比較真誠，而且守信用，但不擅於表達自己的內心情感，因此人際關係不是很好，親人間的情分也比較疏遠和冷淡。他們對愛情沒有什麼強烈的追求，總抱有一切隨緣的態度。擁有這種眉形的男性，一般比較有藝術天賦。

⑧ **三角眉**

三角眉是一種比較男性化的眉。擁有這種眉毛的人通常精力充沛，氣勢強盛，很有自信和志氣，對數字計算很敏銳。他們有開拓精神，而且性格堅毅，有耐心，在困難面前不屈不饒，總會想方設法去克服，不到最後關頭，絕不輕易放棄。這類人的缺點是喜歡以自我為中心，有時候過於自信。

⑨ **臥蠶眉**

臥蠶眉的眉毛較長，眉頭和眉尾很細，眉的中間較粗。擁有這種眉毛的人，大多數為人很仗義，生性比較機靈，給人一種英俊瀟灑的印象。他們一般比較清高，驕傲自負，不喜歡與人交往，喜歡獨來獨往。

⑩ **劍眉**

劍眉，直而末尾翹起略呈劍形的眉毛。擁有這種眉毛的人比較積極上進，無論是工作生活還是愛情，都充滿鬥志和信心，而且精力充沛，領導力很強。他們對愛情很專一，而且比較痴情，雖然會有很多追求者，但不輕浮。這類人的缺點是有點任性，不自量力。

⑪ 弦月眉

擁有這種眉毛的人，大多數比較聰明，生性寬厚，性情溫柔含蓄，氣質優雅。他們感情比較豐富，感覺敏銳，考慮周詳，有很高的領悟能力，並且人品很好，很讓人敬佩。他們個性隨和，喜歡交際，擁有廣泛的人緣，而且比較重視親人間的情感，因此，兄弟姐妹間非常團結和睦。這類人比較適合做文學和藝術方面的工作。

⑫ 波浪眉

這種眉毛的生長走向不規則，比較雜亂。擁有這種眉毛的人，一般性格比較任性、執拗，不愛聽人勸告，而且容易衝動，喜怒無常。他們做事不夠專心，注意力不集中，總是丟三落四的。但是，他們比較重視親人間的情分，因此家庭生活很融洽。

4．從鼻形認識鼻子的主人

鼻子位居臉部的中央，是臉部的最高點，因此號稱「天柱之山」。它是人體的呼吸通道和嗅覺器官，直接關係人的生命存在與死亡。鼻子是面中之王，它的形狀的好壞影響著一個人的容貌，因此又被人稱為「財帛宮」。而透過這個小小的鼻子的形狀，我們也可以了解它的主人是一個什麼樣子的人。

① **長鼻**

長鼻子者一般比較理性，有責任感，做事認真，但不擅於理財，性格比較傲慢，總給人一種驕傲自大的印象。他們缺乏社交性，喜愛孤獨，並能享受孤獨。他們很有智慧，很有藝術細胞。如果他的鼻子特別長，則追求安頓心靈，有時候做事情不切合實際。如果他的鼻子又寬又長，則比較穩重，總是心平氣和地對待生活。

② **短鼻**

這種類型的人和長鼻子的人正好相反，他們大多數個性比較開朗大方，性情秉直、單純，待人熱情，喜歡豐富刺激的生活，喜歡與人交往，人緣非常好。他們是屬於感性類型的人，容易情緒化，而且意志不夠堅定，容易受到他人的影響。

③ **鷹鉤鼻**

鷹鉤鼻又叫結節鼻，在鼻梁的上端有凸起，形似駝峰或結節狀，鼻尖向下垂成鉤狀，形狀像鷹嘴一樣。一般長有這種鼻子的人比較聰明，有決心和有膽識，所以辦事能力很高，工作表現非常出色。他們的壽命很長，但個性比較狡猾陰險，冷酷殘忍，往往給人一種刻薄、薄情寡義的印象。

④ **蒜頭鼻**

蒜頭鼻比較短小，鼻梁扁平，鼻尖和鼻翼比較細小，形如蒜頭。擁有這種鼻子的人，大多數缺乏熱情，待人比較冷淡。他們信奉「平平淡淡才是真」的人生信條，因此沒有什麼鬥志，無論是在工作還是生活中，都表現出一種比較消極的態度。

⑤ **段鼻**

段鼻的鼻梁中間呈段層狀。這類人個性一般比較頑固、偏激，個人主義意識很強，好感情用事。他們的性格具有攻擊性，缺乏協調性，經常得罪人而不自知，因此人際關係不好。這種鼻相的人，應該盡可能地選擇性格溫和的人做伴侶。

⑥ **希臘鼻**

希臘鼻的鼻梁非常挺直，成一條有坡度的直線，是在希臘雕塑中經常能看到的一種鼻形。他們是典型的理想主義者，擁有崇高的理想，而且對自己非常有信心。這類人的品味相當高，對美或高尚的事物造詣很深，厭惡低俗、粗暴的言行。但是他們比較驕傲自大，總給人一種敬而遠之的感覺。

⑦ **矮小鼻**

這種鼻子和堅挺的希臘鼻相反，比較矮小。擁有這種鼻子的人，大多數性情懶惰，智慧不高，比較消極，缺乏改變生活的勇氣。他們害怕失敗，因此，很多事情不敢去嘗試，一旦失敗了，也很難有振作的精神。如果是女性，則容易受到男性的誘惑。

⑧ **凹陷型**

這種鼻形的鼻梁不是一條直線，也不是隆起，而是凹陷彎曲的。擁有這種鼻形的人，大多數性格比較開朗大方，對陌生人有一種莫名的親和力，但脾氣比較暴躁，缺乏耐心，不願意接受別人的批評。

⑨ **直線型**

這種鼻形呈一直線，高矮適中，是一種比較時髦的鼻形。擁有這種鼻形的人，一般比較自私，對自己的事情有太多的顧慮，不容易信任他人。他們的頭腦比較清晰，做事很有條理性和計畫性，因此，在工作中會比較順利，而且會取得大的成就。這種類型的人很有魅力，比較受異性的青睞，但也容易被拋棄。

上述鼻子類型只是眾多鼻形中的一部分，如果我們想做到知人知面知心，就要學會科學、正確地識別不同鼻形所代表的微妙語言。

5・讀懂人的鼻子「語言」

有一位研究身體語言的學者，為了弄清鼻子的「語言」，專門做了一次為期一週的觀察研究。他在車站、碼頭、機場等地方觀察不同的旅行者，最後得出結論：

人的鼻子是會動的，因此，是有身體語言的器官。當受到異味和香味刺激時，鼻子就會有明顯的張縮動作，嚴重時，整個鼻體就會微微顫動，接下來往往會出現「打噴嚏」的現象。這些「動作」都是在傳遞著資訊。此外，據他觀察，高鼻梁的人多少都會有某種優越感，表現出「挺著鼻梁」的傲慢態度，而影視界的女明星表現得最明顯。

鼻子是人體五官中運動最缺乏的部位，但是它也有自己的動作語言，而透過這些細微的鼻子語言，我們可以看透一個人的心理。

①　**鼻子冒汗**

有一些人常有鼻子冒汗這種毛病，無論在什麼地方、什麼季節，鼻子都會隨時冒汗。如果平時沒有這種毛病的人，一旦鼻頭冒出汗珠，就表示其心理焦躁或緊張。如果對方是重要的交易對手，必然是急於達成協議。

②　**鼻子微脹**

在談話過程中，如果對方的鼻子微脹，通常是得意或不滿，有時候是情感有所抑制。在醫學上，人的鼻子之所以脹大，被認為是因為在興奮或緊張的狀態中呼吸和心律跳動會加速而產生鼻孔擴大的現象。至於鼻子微脹是因為得意還是不滿等所致，主要從談話內容和其他反應才能正確地判斷。

③　**鼻子變色**

鼻子的顏色一般很少變化，但是一旦鼻子泛白，則表示對方的心理有所顧忌或恐懼，以至於畏縮不前。而在自尊心受損，心有困惑，尷尬不安等情況的時候，鼻子也會出現泛白的現象。

有一些人的鼻頭常常泛紅，這多與健康狀況有關，可能是內分泌失調、心血管疾病或者是肝功能異常，而長期飲酒，食用辛辣食物過量也會導致鼻頭泛紅。當情緒過於激動緊張的時候，也會出現這種現象。如果鼻子呈現出藍色或棕色，則有可能是胰腺和脾臟有毛病。如果是鼻頭發黑，而且很枯燥，則多是縱欲過度。

④ 鼻子動作

當一個人皺鼻子的時候，則大多數表示厭惡；歪鼻子的時候，則表示不信任；抖動鼻子的時候，則大多數表示緊張；鼻孔突然張開的時候，則代表發怒或是恐懼；哼鼻子的時候，則表示排斥，不屑一顧。

在日常生活中，我們常常見到這麼一個現象：吸菸者旁邊的人，往往會用手捂住自己的鼻子。其實，這一個捂鼻子的動作表示出來的是厭惡的情緒，而很多人卻忽略了這一細節。當某個人仰著臉，不是用眼睛看人，而是用鼻孔「看」的時候，則表達的也是反感的情緒。當請他人幫忙的時候，如果對方做出用手摸鼻子或用鼻孔「看」你的時候，則表示拒絕。

鼻子的動作或表情是比較細微且少見的，很多人都不會去注意這些細微的變化，但如果想深入地了解對方，就應該更加注意人的鼻子的各種細微的語言。

6・透過口型看人的性格

口是人們吃、喝，以及與外界進行交流的一種主要的器官，任何器官都不可能代替它。經醫學研究發現，人的嘴部慣常動作可以影響先天形成的嘴形。因此，透過觀察人的嘴形，我們可以看透一個人的內心思想、性格特徵等。

① 四字形

這種口型的形狀像一個「四」字，方方正正，嘴角比較平直。具有這種口型的人，大多數比較開朗活潑，性情溫和，個性倔強，忠厚老實，很有正義感。他們無論做什麼事情都能專心致志，頭腦比較靈活，而且很有責任心，是上司的得力助手。這種人的親和力較強，而且由於本身的性格比較樂觀，所以很容易受到他人的喜歡。

② **仰月形**

這種口型也稱新月嘴，口形方正，兩個嘴角自然上揚，是一副天生的笑臉。這種類型的人性格比較開朗，有幽默感，情感豐富，同時比較聰明，意志力很強。他們有冒險精神，而且好奇心很強，勇於嘗試新鮮事物。他們往往出口成章，顯得滿腹經綸，再加上那副天生笑臉，在社交場合中總會成為焦點。

③ **伏月形**

這種口型的嘴角兩邊下垂，下唇繃得很緊，而且輪廓不太清楚。具有這種口型的人，大多數比較謹慎冷峻，不擅言辭，脾氣很古怪，不容易與他人相處。他們的思想比較消極，無論什麼事情他們都想到壞的一面，是個典型的悲觀主義者，而且行動力不夠強。這種人比較體貼，但是因為其古怪的脾氣，總難以展現出來。

④ **一字形**

一字形的嘴，上下唇緊閉，形如「一」字。這種類型的人，大多數性格比較內向，沉穩冷漠，不擅於言語。他們比較獨立，意志力強，做事比較認真負責，很有耐心，具有堅持到底的頑強精神，面對困難不會臨陣退縮，而是想盡辦法要戰勝對方。

⑤ **修長形**

這種口型比較修長，一般具有這種口型的人，性格比較明朗，做事細心，有耐心和毅力，行動能力強。他們大多數社交能力很強，懂得人情世故，受到異性的青睞，擁有很多可以信賴的朋友。這類人最大的缺點是，對愛情不專，喜新厭舊。

⑥ **櫻桃嘴**

這種口型就像櫻桃一樣，很小，比較漂亮迷人，擁有此口型的女性居多。這種類型的人一般比較保守，能安於現狀，膽子很小，而且很小氣。他們沒有什麼大的志向，比較挑剔，沒有耐心，在事業上一般不會有大的成就。他們渴望愛情，但不夠大膽，不會主動地去爭取。

⑦ **歪嘴**

這種類型的人，大多數脾氣比較暴躁，非常固執，喜歡多管閒事，控制欲很強，總要別人貫徹自己的主張，喜歡扮成正義的勇士。他們經常不滿現狀，卻不會主動地去改變，給人一種懦弱無能的感覺。如果是女性，則是賢妻良母型的人，但是愛嘮叨。

⑧ **大嘴**

常言道：「嘴大吃四方」，一般嘴大的人比較有福。他們性格開朗、堅強，獨立意識強，志向遠大，富於行動及決斷力，而且精力充沛，因此一旦決定了的事情，就會奮不顧身地去努力拚搏。他們氣度大，為人隨和、慷慨大方、乾脆，處理事情公道，而且比較活躍，因此很受歡迎，擁有很多可信賴的朋友。

7・從嘴部動作看人的心理

大家都知道，人的有聲交流是透過嘴巴進行的，也正因為如此，人們常常忽略了嘴部無聲的語言。其實，嘴不但是人最忙碌的器官，而且也是臉上最富有表情的部位，而從某種程度上，還可以折射出一個人的內心世界。

① **嘴角上挑**

在談話過程中，如果對方的嘴角微微上翹，則意味著對談話的話題或觀點表示認同。如果只是一邊嘴角上翹，就形成了冷笑，表示對談話人的輕視，對所談話題或觀點不屑一顧。在生活中，常有嘴角上翹這一習慣的人，一般性格都比較開朗，機智聰明。他們心胸開闊，能言會道，有包容心，善於與陌生人打交道，人際關係非常好，擁有不少的知心朋友。

② **嘴巴抿「一」字**

如果在與他人的談話中，對方出現這種表情，則預示著對方心有不滿，有拒絕的意向，而且立場比較堅定。在不說話的時候也常把嘴巴抿「一」字的人，大多數都比較堅強，有毅力，具有堅忍不拔的精神。他們往往吃苦耐勞，做每件事都經過深思熟慮才採取行動，一旦下定決心做的事情，決不會輕易改變決定，因此較有可能獲得成功。

③ **咬嘴唇**

在交談中，如果正在說話中的人伴有咬嘴唇的動作，則表示其心理很矛盾，或是要對某件事情做出決定。如果是在聽的人伴有這種動作，一般都是比較用心地去聽他人的講話，有時候還會在心裡仔細地分析對方所說的話，並與自己做對照。常有這種動作的人，一般都有很強的分析能力，而且非常謹慎，因此，往往會對事情做出正確的判斷。

④ **舔嘴唇**

有些人在與人交流中常用舌頭舔嘴唇，這除了口乾舌燥想喝水外，很有可能內心比較興奮或緊張，也有可能是感覺不很自在，而希望透過舔嘴唇來自我安慰，讓自己鎮靜下來。此外，也許是對方所說的話有問題，是在撒謊。

⑤ **用手掩嘴**

在說話時以手掩嘴，一般表示自己不小心說錯了話，而女性比較常見。這種類型的人性格比較內向，思想保守，不擅言辭，是屬於靦腆類型的人。在與人交往過程中，他們總是極力掩藏自己真實的感受，不喜歡過多地暴露自己。

⑥ **嘴角下撇**

在交談的時候，如果嘴角往下撇，則表示他對對方的印象不是很好，有蔑視的意思。此外，也有可能是想哭的前兆。而嘴角老是向下撇的人，大多數性格內向固執，比較呆板，不愛說話，疑心重，比較難交往。但是這種人意志堅定，不容易受他人的影響。

⑦ **撅嘴**

在交談過程中，對方的下嘴唇往前撅時，則表示他對談話人所透露的資訊和所說的話持有懷疑的態度，而且希望能夠得到肯定的回答。如果對方上下嘴唇都往前撅時，則表示他可能正處於一種防禦的狀態。

在與他人談話的過程中，我們除了仔細聽其聲之外，更應該仔細地去觀察對方的身體語言，尤其是嘴部細微的動作語言。

8・透過嘴唇的厚薄看人

儘管每個人的嘴唇厚薄區別不是很大，但是一些科學家透過對嘴唇的研究，發現嘴唇的厚薄不僅與人體的健康有關，而且與人的性格、品質等，也有著非常密切的連繫。下面，我們就來了解一下如何從嘴唇的厚薄來識別一個人。

① **雙唇均厚**

雙唇均厚的人，臉頰往往比較豐滿，因此給人一種比較健康和憨厚老實的感覺。他們大多數重情講義氣，誠實守信，心地善良和仁慈，而且待人溫和，因此人際關係很好。這種類型的人具有很強的自尊心和好勝心，而且好奇心很強，性格比較堅強，所以做事比較有衝勁，不達目的絕不罷休。如果是一個女性，則內心情感比較豐富，而且為人實在，對異性很有吸引力，占有欲強，喜歡結交不同的異性朋友。

②雙唇均薄

嘴唇薄的人一般比較自私，缺乏親和力。如果是雙唇薄且小，則一般比較理性，思路敏捷，具有隨機應變的聰明才智，而且分析能力很強，善於行動。他們對待感情非常的冷靜，不會輕易受到感情的左右。如果是雙唇薄且大的人，則比較愛吹毛求疵，天生就愛耍嘴皮子，總是希望用滔滔不絕的語言去打動別人。

③上厚下薄

一般上唇比較厚的人，多是屬於付出型的。這種人的辦事能力很強，能吃苦耐勞，多半自己創業，並會取得成功。他們為人平和，內心頗富柔情，人情味重，較會主動照顧別人，而且很看重家庭。但是他們的主觀意識很強，不擅於聽人言，也不允許別人違逆自己，因此，在事業和感情上總是大起大落。

④ **上薄下厚**

這種類型的人，性格多屬於消極型。他們比較內向，少言寡語，個性頑固且孤僻，而且固執己見，從不聽別人的意見和勸告。這種人通常視錢如命，比較注重個人品味，凡事太以自我為中心，而且比較小氣，因此容易受到他人的排斥。但是他們很會隨機應變，感情相當豐富，而且對愛情也很忠實。

⑤ **雙唇勻稱圓滑**

雙唇比較勻稱且飽滿紅潤的人，性格一般都比較開朗大方，個性沉穩，意志堅強，非常理性，而且很有主見，充分具備領袖的特質。他們追求自由自在的生活，不喜歡受拘束。這種人比較謹慎，待人非常的真誠，但是在感情上比較被動，常常容易錯失良機。

⑥ **雙唇有皺紋**

這種人比較慷慨大方，樂於交際，常邀請朋友來聚會，並承擔聚會的費用，是一個標準的闊少行徑。他們似乎擁有很多朋友，但是真正能夠在困難時刻幫助自己的沒有幾個。但是他們的個性比較堅強，不畏懼困難，而且心態很好。

⑦ **嘴唇鬆弛**

嘴唇比較鬆弛的人，身體狀況一般不會很好，因此缺乏充足的體力，容易感到筋疲力盡。這種人性格比較內向，缺乏耐力，行動力不強，因此辦事總是拖拖拉拉，很多時候都會半途而廢。但是他們比較細心，常為他人著想，而且待人比較溫和，所以人際關係不錯。

9・下巴對應出的內心和個性

一般而言，下巴並不屬於五官範圍之列，卻對臉部的輪廓線條有很大的影響。如果下巴比較漂亮勻稱，即使五官平平，也會給人一種比較清爽悅目的感覺。其實，下巴不僅影響著臉部的美觀，對人的性格也有一定的影響，因此，我們可以透過觀察下巴來了解人的內心和個性。

① **長下巴**

下巴長的人，大多數性格比較穩重，做事認真細緻，具有冒險精神，有堅強的意志力和耐力。他們比較好動，活潑開朗，重義氣，喜歡幫助他人，因此，很受大家歡迎，人緣非常好。不過易給予人冷傲、矜持、不親和的感覺，有時候比較固執，感情也非常的脆弱。

② **尖下巴**

尖下巴給人的感覺一般比較可愛。這種類型的人大多性格開朗，比較好動，感覺敏銳，具有強烈的冒險精神。主要缺點是，喜歡幻想，做事沒有永續性，責任感不強。他們在愛情上不盡如意，嚮往柏拉圖式的愛情。如果下巴尖銳而歪斜的人，一般屬於不義之人。

③ **方下巴**

方型下巴的人是典型的理想主義者。他們比較聰明能幹，非常有進取心，做起事來認真、果斷，而且有不達目的不罷休的精神。在戀愛方面，比較誠懇，不會欺騙對方，一旦產生愛意，就會力排萬難努力地去追求。如果是女性，則個性比較男性化，任性不夠溫柔，但很幹練。

④　**圓下巴**

圓下巴的人性格比較溫和，開朗大方，樂於助人，親和力強，易於相處，較容易擁有美滿的愛情。如果是男性，性情一定溫和，體貼他人。如果下巴圓而小，則很有藝術細胞，喜歡表演。如果下巴圓而滿，則善解人意，賢惠孝順，是一個顧家的人，很重家庭生活。

⑤　**雙下巴**

雙下巴又稱「大黑顎」。有這種下巴的人通常憨厚老實，性情溫和，心地寬大，一般是比較德高望重的人，在事業上也會有所成就。他們待人相當熱情，尤其熱衷於招待朋友，人際關係很好。在愛情方面比較專一，善於製造情調，是一個好情人。

⑥　**寬下巴**

寬下巴人的性格比較強硬，待人非常誠實守信，是一個心地善良的大好人，雖然具有強烈的嫉妒心，但也有寬容的美德。他們喜歡對任何事物都加以徹底的研究，因此從來不會覺得無聊。他們比較痴情，追求偉大而壯烈的愛情。

⑦ **略凹的下巴**

下巴中間部分凹下去的人，一般比較和氣，思想穩健，感受性敏銳，有藝術氣質，而且感情豐富，能充分享受愛情的甜美，生活也多姿多彩。但是多愁善感，疑心較重，總認為付出就應該要得到相應的回報，因此常讓自己陷入苦惱中。他們自我調節能力很強，雖然煩惱多，但來得快、去得也快。

10・從耳朵的形態看人識人

耳朵是人的五官中最缺乏表情的一個，眼睛、鼻子和嘴巴，甚至是眉毛，都可以做一些小動作，只有耳朵傻傻的、靜待在兩邊。自古以來，耳朵被稱為「童年縮影圖」，也就是說，一個人的成長經歷和生長環境對耳朵的影響並不大，耳形和耳態是與生俱來的。然而，除了聽覺和美觀的功能之外，耳朵還與人的健康、性格、天賦等有關。

① **耳朵的大小**

耳朵根據大小來分，大致可以分為大耳朵、中等耳朵、小耳朵。如何判斷耳朵的大小呢？一般情況下，以眼睛上部和鼻梢內側間的長度為標準，等於這一長度，為中等耳朵；長於這一長度，則為大耳朵；小於這一長度，則為小耳朵。

耳朵大的人，一般都比較有活力，總是充滿激情，精力很旺盛，行動能力強，但暴躁易怒。如果耳朵大且輪廓美觀，則比較有想像力，內心平靜，待人熱情，而且很有毅力，對任何事情都能堅持不懈。總體而言，耳朵大的人都很有藝術細胞，非常聰明，創新能力強，比較適合做文藝方面和科學研究方面的工作。

耳朵中等的人，大多數都比較冷靜沉穩，屬於理性型的人。他們沒有豐富的想像力，缺乏熱情，但是邏輯性很強，做事往往經過深思熟慮、權衡再三，不會輕易行動，因此很少失敗。這類人不會與人大聲爭辯，喜歡透過自己的行動以理服人。

耳朵小的人適應性很強，沒有什麼野心，有時候自信心不足，同時還缺乏想像力和創造性，而且比較敏感，容易產生消極的情緒。但是他們比較有耐心，具有很強的專注力和觀察能力，因此做事非常謹慎，工作不容易出錯。

② 耳朵的位置

如果耳朵的下端明顯高於鼻端，或者耳朵的上端明顯高於眼眉，則稱為「高耳」，如果耳朵的下端明顯低於鼻端，或者耳朵上端明顯低於眉毛，則稱為「低耳」。

高耳的人非常聰明智慧，記憶力很好，獨立思考能力較強，具有很強的演說能力，而且性格穩重，大多都能在自己的領域取得很好的成績。他們的缺點是眼高手低，固執己見，驕傲自大，好大喜功。

低耳的人一般比較內向，很少與陌生人或不熟悉的人打交道，但如果是興趣相投的人，或是自己熟悉親近的人，則總是滔滔不絕，而且很快就能打成一片。

③ 耳朵的厚薄

耳朵比較厚的人，意志比較堅強，性格比較開朗，對生活總是充滿希望和激情，即使在困境中，也不會產生悲觀消極的情緒。耳朵比較薄的人，意志很薄弱，行動力不強，而且非常固執任性，但如果是耳垂圓滿豐厚且往前翹，則進取心比較強，比較好動，為人很積極。

④ 有無耳垂

通常來說，有耳垂的人的性格比較溫和，感情豐富，具有很強的想像力和好奇心。他們很有福氣，耳垂越大則越有福氣，耳垂越小、越單薄，想像力和好奇心就越不明顯，但更加理智，自控能力就越強。

沒有耳垂的人，大多數叛逆心比較重，愛唱反調，而且個性衝動，比較自私，缺乏奉獻精神，不容易吃虧。但是他們的反應能力很強，很機智靈敏，做事效率很高，因此常常被上司重用。

⑤ **耳朵的形狀**

耳朵的形狀大致可以分為正方耳、橢圓耳、三角耳。正方耳的外形像一個正方形，從上至下沒有逐漸變細的輪廓，一般正方形的大耳朵比較常見。橢圓耳也稱蛋耳，外形和蛋相似，其主要的特徵是結構圓滑、不成形。三角耳的耳廓不夠整齊，有銳角，形如三角形。

具有正方耳的人，一般比較聰明，極具藝術天賦，做事很有衝勁。他們比較熱情好客，親和力很強，而且比較細心，人緣非常好。

橢圓耳者大多比較開放，缺乏同情心，思維方式較單調，不夠敏捷，玩世不恭。他們多以自我為中心，對什麼事情都斤斤計較，因此人際關係不是很好。

具有三角耳的人，大多數脾氣不好，暴躁易怒，而且做事很衝，因此，在工作中常常受挫。由於自身的性格特點，人際關係也比較差。

⑥ 耳朵對稱度

一般情況下，左右耳對稱、耳型好的人，性格都很開朗，比較注重個人的形象。他們的心胸開闊，有包容心，不會斤斤計較。左右耳不對稱的人，大多性格比較固執，個性倔強，妒忌心重，而且疑心也很重，不輕易信任他人，因此，人際關係不是很好。

⑦ 貼面耳與招風耳

正常的耳朵應該與頭部平行，如果向外舒展得過多，就是「招風耳」，向內貼得過多就是「貼面耳」。

長有招風耳的人大多都很有藝術天賦，比較自信，甚至有點自以為是。他們有很強的領導力，很有魅力，是一個不錯的領導者。他們的感情非常豐富，容易喜新厭舊，所以與這類人交往要比較小心。

長有貼面耳的人，一般都很聰明，能吃苦耐勞，領悟力強，性格溫柔，很有親和力，因此，比較受歡迎，人緣非常好。這種類型的人的邏輯能力很強，做事也比較踏實，是屬於比較容易取得成功的類型。

二、其他外貌細節透露的訊號

其實，人的其他外貌特徵與五官有著異曲同工之妙，它們不但能夠傳遞人的內心的情感和情緒，還可以反映出一個人的性格特點和氣質內涵。因此，要想了解一個人的性格，我們也可以從體型、臉型、牙齒等來一一地進行分析。

1・頭的形狀折射出人的內心

人們評論一個人的時候，常常會提到「有頭有臉」，而最近也流行這麼一句話：「要改變自己，就要從頭開始。」可見「頭」對一個人是非常重要的。「頭」是認識一個人的起點，下面就讓我們從各種頭型去了解一個人各方面的情況。

① 四方型

這種頭型的前額上部和下巴都呈方形，擁有此頭型的人男子居多。這種人生性活潑，總是精力充沛，喜歡運動，勇於冒險，不受拘束，喜歡戶外生活。他們講究實際，不喜歡談理論性的東西，有建設性，做事認真、肯做，而且能吃苦耐勞，能接受一般人難以接受的東西。但是他們比較懶惰，不喜歡思考問題，也不喜歡讀書。

② **長方型**

這種類型的特徵是：頭比較窄，臉長，就像一個長方形一樣。他們性格善良和氣，態度溫和有禮，喜交際，而且擅長於外交。這種人一旦確定了目標，就會堅持到底，並取得成功，但他們絕不會蠻幹，而是運用自己的機警和聰明才智。他們的缺點是行動能力不強，缺乏魄力和勇氣，而且不擅於理財。

③ **三角型**

這種頭型的下巴很尖，前額高而寬，臉型如一個倒立的三角形。具有這種頭型的人比較聰明，智商很高，喜歡看字讀書，有很強的邏輯推理能力和創造力，而且善於思考。他們志向遠大，而經過一番努力之後，往往都能成功。但是他們暴躁容易衝動，不喜歡運動，因此體質比較弱，精神狀態不好。

④ **圓型**

一般而言，頭圓之人其身體亦圓。這種類型的人是天生的樂天派，永遠都是開心樂觀的。他們和藹可親，有包容心，較有幽默感，人緣也非常好，擅長管理行政和理財。這種人天性喜歡享樂，比較懶惰，愛吃貪睡，所以身體比較胖。

⑤ **平直型**

這是一種比較大眾化的頭型，擁有這種頭型的人比較多。一般擁有此頭型的人，做事總是猶豫不決，不夠果斷。如果鼻梁比較筆直，那麼他們就比較聰明有智慧。如果是鼻梁下陷且鼻孔上仰，則比較愚笨，而且反應遲鈍。

⑥ **凹進型**

這種頭型，前額上端突出，眉骨凸出，唇部短縮，下巴突出，整個頭面側面成「凹」形。他們大多數智商很高，比較謹慎，態度溫和，不盲從，鎮靜、從容，而且善於思考，一切三思而後行，是一個比較理性的人。他們能忍耐，有持久力，善於使用謀略，很有魄力，具有很強領導才能。

⑦ **凸出型**

這種頭型的額頭向後仰，唇部突出，下巴短縮，整個頭部側面成「凸」形。一般有

這種頭型的人生性比較直爽，做事乾脆，反應特別快，智商也很高，善於觀察，很有進取心，在事業上往往會取得很大的成績。但是他們缺乏耐力，衝動易怒，缺乏深謀遠慮的態度。

⑧ 上凹下凸型

這種頭型的人大多數能言會道，但也常因說話得罪他人而不自知。他們的行動力強，有衝勁，反應很快，往往行動快於思想，也常因此而缺乏周密的計畫，而且常常半途而廢，做事有始無終。這種類型的人比較容易衝動，不講究實際，缺乏耐心和領悟能力。

⑨ 上凸下凹型

一般擁有這種頭型的人都比較謹慎，注重實際，能聽從別人的勸告，沉著冷靜，一般不會魯莽行事，而且反應快，辦事果斷，具有領袖的魄力。但是他們做事循規蹈矩，沒有創新意識，而且比較固執，還有點專制。

2・透過眼神看人的動機

眼睛是人類五官中最敏銳的器官，自古以來被人們稱為「監察官」、「心靈的窗戶」。愛默生(Ralph Emerson)曾這麼形容一個人的眼睛：「人的眼睛和舌頭所說的話一樣多，不需要字典，卻能從眼睛的語言中了解整個世界。」正如愛默生所說的，眼睛的語言是人臉部的主要表情之一，是行為語言中最富個性特徵的，它與一個人的思想感情有著密切的關係。因此，在交談中，我們可以從眼神和視線中探出他們的真正意圖，了解他們的個性。

①　**視線向下**

經常視線朝下的人大多個性怯弱，性格溫和、內向，自信心不足，內心總覺得自己不如別人強，在與他人談話時多半會比較緊張，當接觸到別人的目光時就會迅速躲開。如果交流時對方的視線向下，則通常是表示心不在焉或是不接受所說的觀點。

②　**視線上揚**

無論是走路還是在說話時，都習慣將視線上揚的人，通常都對自己的能力和地位充滿自信，性格也是屬於外向型的。他們做事都比較有激情，但很強悍專橫，不喜歡採納別人的意見，自我意識過強。如果在交談中對方視線上揚，通常是在思考，或是希望轉移話題。

③ **視線左右游移**

談話中，如果把視線往左或往右穿梭游移，則表示他們對對方有排斥的心理或不懷好感，不願意與對方交流。因此，當與人搭訕時，對方如果出現這種眼神，我們最好離開。

④ **視線總是斜向一邊**

無論是與誰交談，都習慣把視線斜向一邊的人，大多性格孤傲，自以為是，總是覺得自己是一個很了不起的人，看不起他人。如果是在交談中對方把視線斜向一邊，則表示對方對所說的話不感興趣，而且內心已經不耐煩了。

⑤ **視線筆直且集中**

如果一個人牢牢地盯住某一點，並長時間凝視，則有可能是對該物感興趣。當對某人懷有敵意，或受到某種強大的打擊時，也會出現這種眼神。此外，也有威脅的意思，

一般警察審訊犯人的時候都會用這種眼神，因為被注視的人往往會產生巨大的壓力。

眼神是多種多樣、千變萬化的，但它卻洩露出一個人內心最深的情感。比如：當一個人一直盯著對方的眼睛，則他的心中一定是另有隱情；當看了異性一眼後，便故意移開目光者，表示對對方很感興趣；在談話時，如果目光突然向下，則表示此人已進入沉思狀態。

而我們還可以透過一個人的瞳孔變化來了解一個人的心理。一般情況下，當看到喜歡的人或物時，瞳孔就會變得很大，眼睛也非常有神；看到不喜歡的人或物時，瞳孔就會變得很小，猶如針尖一樣。因此，我們不但可以透過眼睛來看人的動機和個性，還可以觀察到一個人的喜怒哀樂。

3・透過額頭解讀性格密碼

常言道：「性格決定態度，態度決定成敗。」在日常生活中，我們往往發現那些名流商賈、達官貴人，基本上都是額頭方圓飽滿，而且非常光亮。其實，一個人額頭的形狀往往與性格有關。下面，讓我們從幾種額頭形狀來解讀人的性格。

① **寬額頭**

額頭寬的人比較有智慧，屬於才氣縱橫型的人。他們有點輕佻，不擅於控制自己，對愛情不夠專一，不會沉溺於愛情中，而且非常自戀，容易招惹是非。但是他們遇事不驚慌，具有冷靜的判斷力。一般而言，額頭越寬越高的人，自尊心就越強，也越驕傲自大。

② **窄額頭**

這種類型的人思維不夠敏捷，但比較踏實誠懇，做事比較小心翼翼，但不夠果斷，因此容易錯失良機。他們性格溫和，待人親切友善，非常容易相處。他們最大的缺點是不夠執著，遇到一點小的挫折就輕易放棄。額頭越窄的人，幼稚的性格越突出，越容易衝動和任性。

③ **圓額頭**

一般情況下，額頭越圓的人就越可愛，總是帶著濃厚的孩子氣，待人謙恭有禮。他們比較好動，喜歡各式各樣的運動，追求自由自在的生活。如果是男性擁有這種額頭，則大多被認為是「娘娘腔」。

④ **角型額頭**

這是一種比較男性化的額頭。一般擁有角型額頭的人都比較沉穩冷靜，不會輕易被金錢和感情所惑，具有行動力和強烈的正義感，但是陽剛氣過重，不夠溫柔。

⑤ **M型額頭**

這是一種理智型的額頭。具有這種額頭的人一般都不會感情用事，做事乾脆俐落，凡事愛講道理，但由於自身冷峻的特質，常使人望而卻步，不敢與之交往。他們個性頑固，喜歡安靜的環境，所以比較適合研究類的工作。

⑥ **外突型額頭**

具有這種額頭的人大多做事比較認真細緻，凡事講究乾淨俐落，一旦不合意就容易煩躁。他們個性固執，往往非常堅持自己的觀點，具備貫徹到底的信念，但腦子不夠靈活，在人際關係上往往損失較大。

在觀察一個人的額頭時，我們不能只是觀察它的形狀，髮際線也是很重要的部分。如果髮際線凌亂不整，無論什麼形狀的額頭，都會給人一種不可靠的印象。如果髮際線很整齊，而額頭也比較光滑，則容易獲得他人的好感。

4．從人的臉型看性格

腦神經專家研究顯示，人類腦部的神經細胞大約有一百六十億個，它們的大小、形狀、排列均不同，其中三分之一與臉部細胞有關，而這些細胞能控制一個人的性格、思想與行為等，因此，我們可以透過臉型來認識對方。

① 倒三角型

這種臉型像個倒立的三角形，額角開闊，顴骨高，下巴細尖。這種類型的人屬於浪漫派，很有志向，而且想像力非常豐富，喜歡運動。他們很有野心和鬥志，叛逆心很強，個性倔強，不服輸，凡事要堅持到底。這類人總是聰明智慧，而且比較敏銳，警覺性高。但是他們很少相信別人，總是疑神疑鬼，因此親密的長期朋友很少，而且有時候缺乏果斷剛毅。

② **正方形臉**

這種臉型的人，大多數比較聰明理智，重情義，個性正直穩重，做事實際，而且行動力很強，雖然利己心重，但不會輕易地去損害他人。他們善於捕捉時機，在行動前總是經過深思熟慮，而且計劃周詳，不會輕舉妄動，因此，常常會取得很好的成績。他們積極上進，意志堅強，從不會被困難嚇倒，一旦決定了的事情，就會堅持到底，因此容易與他人發生衝突。

③ **長方形臉**

臉形長，頭部和下顎都是四角形，形如長方形。有這種臉型的人，大多數做事比較主觀，獨斷專行，有不服輸的個性。他們對自己總是充滿自信，有點自戀自大，而且也很自私，很少體諒他人，因此，人際關係也不是很好。但是他們的想像力豐富，總是有很多別人料想不到的想法，創新意識和能力都很強。

④ **圓形臉**

一般圓形臉的人，多是體型比較圓胖。他們的性格比較樂觀開朗，待人處事溫和，親和力強，心胸廣闊，不會因小事而鬧情緒。但也有任性個人主義的一面，而且同情心重，缺乏主見，因此，容易受到異性的誘惑。他們比較現實，適應力較強，不貪婪，容易與人相處，人際關係很好，朋友不少，但知己不多。他們做事多憑興趣，如果有興趣，則會做得很好，反之，會隨時放棄，容易起惰性，但處事比較沉穩，忍耐力持久。

⑤ **菱形臉**

菱形臉也稱橄欖型臉，臉的中間寬，顴骨前凸，上下兩頭尖。具有這種臉型者的獨立意識強，很有主見，毅力堅強，不容易被環境或他人影響。他們不滿現狀，對自己的生活現狀總抱有不滿情緒，而且為了改變這一現狀而不斷地努力奮進。他們很勇敢，很有冒險精神，喜歡嘗試一些新鮮的事物。他們的缺點是比較傲慢、自私，責任感不強。

⑥ **梯形臉**

梯形臉的額角較寬，頰角和顎角都比較開闊，宛如梯形。這種臉型的人，個性比較沉穩鎮定，城府很深，性格比較內向，脾氣暴躁，時常會勃然大怒。他們自我要求很高，做事追求完美，因此，容易患憂鬱症及自閉症。他們比較好學，而且比較聰明，但獨斷獨行，急於取得成就。

⑦ 三角形臉

三角形臉的特徵是額頭比較窄，下巴較寬，與倒三角型的臉型相反。一般具有這種臉型的人都比較理性，能夠冷靜地思考，具有創造性、想像力和判斷力，是一個聰明智慧、記憶力很強的人。他們有很強的企圖心與爆發力，處事比較圓滑世故，但疑心病很重，而且有點虛偽。

⑧ 蛋形臉

蛋形臉也稱瓜子臉，這種臉型是比較美麗的一種。一般具有這種臉型的人比較理性，順應性強，自控能力也強，追求完美，嚴以律己、寬以待人，公私分明，而且社交能力很強。他們臨危不懼，能夠做出正確判斷，因此，常贏得他人的信賴。但是他們有些潔癖，自尊心強，缺乏耐力，容易因一些小事而變得消沉。

人的臉型按照不同的方式可以分成不同的類型，以上的八種臉型是根據幾何圖形來分類，如果按照「字」來分，臉型可以分為田字臉、由字臉、用字臉、甲字臉……

5．從牙齒透析人的內心

牙齒與人體的關係非常密切，它不僅能咀嚼食物、幫助發音，而且對臉部的美觀也有很大影響，而透過牙齒，我們也可以推測出一個人的年齡、體質及性格等。

①**大牙**

牙齒比較大的人，大多心性善良，體力充沛，有朝氣，為人仁和，有良好的人際關係。但是做事大大咧咧，不夠謹慎細心。這種人通常都比較健康，比較長壽。

②**小牙**

上下牙齒都很小的人，一般都比較機智靈敏，細心冷靜，比較勤奮努力。他們很有毅力和耐心，處事靈巧，是一個很有進取心的人，喜歡追求新鮮事物，但是嫉妒心強。

③**暴牙**

這種人的膽子非常大，積極上進，好奇心強，心直口快，講話未經思考便脫口而出，觀察力不強，常得罪人而不自知。他們大多個性任性固執，以自我為中心，喜歡吹牛，做事有始無終，而且比較粗心，因此，事業上往往不盡人意。

④ **內傾牙**

這種牙齒的特徵是，上下兩排牙齒都朝內彎曲。他們的體質一般都不是很好，也許有某種疾病。這種人通常喜歡一些與眾不同的事物，行為舉止也與一般人格格不入。但他們有很強的創新意識，擅長於做策劃類型的工作。

⑤ **漏縫牙**

漏縫牙是指牙齒不密，牙與牙之間有明顯的漏痕。這種人有著良好的身體狀況，易與人發生矛盾，而且不能保守祕密，所以在說話的時候應多加謹慎。

⑥ **亂齒**

亂齒是指一個人的牙齒長得參差不齊，非常雜亂。這種人一般性情暴躁，很狡猾，容易衝動，喜怒無常。他們為人處事常以自我為中心，往往言行不一，給人一種不信任的感覺，所以朋友不多，與親人之間也無法和睦相處。

⑦ **整齊牙**

牙齒潔白整齊而堅固，而且與臉型又非常配的人，性格一般都比較開朗樂觀，待人熱情，不喜歡受到約束，而且富有行動力。這種人做事能夠精打細算，設想周到，在各個方面都不容易吃虧，但沒有足夠的耐力，常常只是心動而沒有行動。

⑧ **焦黃齒**

焦黃齒是指牙齒呈現焦黃的現象。一般有這種牙齒的人身體狀況不是很好，性格孤僻，腦筋不夠靈活。愛情方面不盡如人意，往往會遭到背棄。

6・從體型解讀人的性格

體型是人最明顯的外部生理特徵之一，主要由遺傳性決定，但是人體對環境的適應能力、人的行為等各種後天因素，也會對體型產生一定的影響。德國精神病醫生恩斯特·克雷齊默 (Ernst Kretschmer) 在一九二〇年代年代首先將體型與性格心理連繫起來，指出雖然人的體型無法承受意識的控制，但是卻能反應出一個人的性格和心理特徵。因此，我們可以透過體型來識別一個人。

①　**肥胖或脂肪型——燥鬱體質**

這種人往往胸部、腹部和臀部十分寬厚，堆積了很多肥肉。他們一般都有很強的適應能力，個性樂觀，是一個天生的樂天派，大多都喜歡活動，待人和藹可親，度量寬宏，有幽默感，而且社交手腕靈活，因此，很受大家的歡迎。雖然很多時候會耍小聰明，但容易被他人原諒。這種人通常不拘小節，行動力和理解能力強，有很強的處事能力，比較適合做社交性的工作，他們當中有不少是政治家、實業家。

但是，他們對事情的考慮缺乏一貫性，過於輕率，自我評價過高，而且責任心不強，遇到令其困惑、棘手的事物時，往往會將責任推給他人。

②　**略瘦但健壯型——偏執體質**

這種類型的人有點纖瘦，但體態結實健壯。他們一般做事果斷，有靈敏的判斷能力，擁有堅強的信念，總是充滿自信心，無論在多麼艱難的環境下，都會奮鬥不懈，百折不回，為了達到目標而不斷地努力。但是，他們缺乏思考的柔韌性，而且也有蠻幹的一面，比較專制、高傲，不信任他人、多疑、蠻橫粗暴等，當有人不順從他意時，常常會與該人斷絕來往。

這種人在做事和做人方面都缺乏人格魅力，無論他的才能有多出眾，多有權力，順從他的人都會與他保持一定的距離，在家庭生活中也是比較孤立。這類人屬於偏執型的人，比較有攻擊性，因此，與這類人交往時最好不要與他對立。

③ 體格強健類型——黏著體質

體格強健的人通常肌肉發達、筋骨強健、肩膀寬大、體態勻稱，是典型的黏著質型的人。這種人情意濃厚，言行循規蹈矩，以秩序為重，講究規律，喜歡冒險且有進取心，擅長體育運動，喜歡充實的生活，有一定的領導能力和指揮能力。他們做事認真、踏實、一絲不苟，而且有堅持力，一旦著手的事情就會堅持到底。但是他們缺乏情趣，有些呆板，悟性慢，常常犯傻而不自知，動作速度不夠快，說話喜歡繞圈子，總是叨嘮不停，而且還比較固執。

這種性格的人感情細膩，生活態度非常慎重，往往會遵守約定，注重禮節，對於別人交代的事情，無論多難都會努力地去完成。

④ **未成熟類型——歇斯底里體質**

他們通常長有娃娃型的臉，無論我們怎麼看，都看不出他們真實的年齡。這種人自我意識比較強，非常任性，個性很強，常以自我為中心，在與他人談話時，如果話題不是以他們自己為中心，則很不開心。他們知識廣泛而淺顯，言談比較風趣，常使人捧腹大笑。

他們是屬於天真、浪漫，沒有心機的人，卻往往不知道自己沒有成人的個性和思想。當被別人奉承的時候，就感覺很好，非常開心；如果遭到別人冷落時，就會產生強烈的嫉妒心，進而形成一種歇斯底里的狀態。

如果是女性，在她說話的時候，最好只做她忠實的聽眾而不出聲。

⑤ **瘦弱而有心事型——分裂體質**

這種類型的人往往會隱藏很多心事，他們外表很引人注目，但比較驕傲冷漠，給人一種無法接近、無法交往的感覺。這類人大多冷靜沉著，性格相當複雜，往往會存在很多相互矛盾的地方。他們喜歡幻想，對幻想中的事物很感興趣，不喜歡別人了解自己的內心或私生活。

他們對一些雞毛蒜皮的事情比較專注，常常固執己見，倔強而不變通，有點怪癖，當無法下決心的時候往往用行動來決定。如果是女性，則個性比較剛強，生氣的時候任何人都招架不了。

這種人最大的優點是對文學、美術、藝術比較感興趣，對流行趨勢比較敏感。

7・透過手形識別人的性格

手是人身上最有特色、最靈敏的器官之一，通常，人們透過手來勞動，傳遞訊息，接受資訊。科學家們研究認為，手是使人能夠具有高度智慧的三大重要器官之一。除此之外，手還能反映出一個人的性格、內心世界等，現在就讓我們從下面幾種典型的手形進行了解。

① 方型手

方型手也稱金型手、實際型手，特徵為掌、指都是方的，掌的上下左右四邊長度幾乎相等，形如一塊四方塊，掌肉比較厚實。具有這種手形的人一般都比較憨厚老實，崇

尚實際而不慕浮華，意志堅定，忍耐力和執行力都很強，而且很細心，是屬於務實派的人，往往能夠成就一番事業。他們很有才華，富有正義感，不會恃強凌弱，懂得感恩，因此，很得人心，人緣非常好。他們雖然不夠浪漫，但是對待愛情比較執著，不能夠接受別人的欺騙。這種人的缺點是不夠圓滑，比較固執，缺乏豪爽之氣。

② **橢圓型手**

橢圓型手也稱土型手、篦形手、活動型手，主要特徵是掌肉結實，手指長大，指端如湯匙。具有橢圓型手的人大多體格強健，精力充沛，比較穩重，敏捷耐勞，敢作敢為，富有創造力，而且喜歡冒險，有衝勁和幹勁，思想積極。他們個性比較隨和，重情義，容易接納他人，因此人際關係不錯，但由於他們的防備心理很強，一般人不容易進入他們的內心世界。他們主要的缺點是遇到不順的事情時，容易產生失落的心態，而且極不喜歡受到他人約束。

③ **結節型手**

結節型手也稱木型手、竹節手、哲學手，主要特徵是掌平而長，各指節間骨關節比較明顯，掌堅實而具彈力，顏色蒼白，拇指強硬不易屈曲。有這種手型的人，一般性格內向，沉默寡言，好學深思，好奇心強，善於分析，有獨立思想，往往會為了追求真理而放棄功名利祿。他們善於組織，為人慷慨大方，對於金錢從不吝嗇，富有同情心，很容易被感動。但是他們對任何事情都計較小節，性情傲慢，常認為自己什麼都比別人強。

④ **圓錐型手**

圓錐型手也稱水型手、竹筍手、藝術手，特徵為掌肉肥厚柔軟，手指呈圓錐形，指節不明顯，指端比較尖，猶如春筍，比較漂亮。有這種手的人性格內向，富有同情心，學習能力強，很有藝術才華，觀察細心敏銳，直覺很強，對於自己感興趣的事情往往會追根究柢。他們有很強的判斷與分析能力，但缺乏執行力與行動力，而且耐力不足，沒有恆心，做事常半途而廢。他們多愁善感，比較情緒化，愛慕虛榮好安逸，不喜歡與人交往，交際能力比較差。

⑤ **纖細型手**

纖細型手也稱火型手、理想手，這種手的特徵與圓錐型手相似，但掌較纖瘦細薄，掌邊幅度小，手指尖而細長，指甲緋紅，掌色白皙，有「女人手」之稱。這種手型的人往往會給人一種溫文閒雅的印象，但實際是比較情緒化，易怒。他們很有藝術細胞，比較聰明智慧，心思縝密，考慮問題周全，反應比較快，做事很有幹勁，往往可以獨當一面。但他們比較感性，沒有耐心，缺乏堅持到底的毅力，很容易一見鍾情，也很容易放棄一段感情。

⑥ 混合型手

混合型是上面幾種手型的混合，其主要特徵是手指的指尖形狀各不相同。具有這種手型的人思維比較靈活，跳躍性大，心胸豁達，待人比較熱情，能言會道，人際關係面面俱到，懂得因人而施，因此很受大家的歡迎，往往會成為交際圈的焦點。但是他們不夠穩重，朝三暮四，心無定向，愛好廣泛卻博而不精。

第三章　從言談話語看人識人

俗話說：「言為心聲。」言談話語不僅能夠展現一個的內心想法，而且還能夠展現一個的才智、能力、修養、性格等。人的言談話語與內心世界是緊密相連的，無論怎麼掩飾或控制，都無法全部掩飾住自己的真正意圖、關注點等。我們可以從一個人說話時的語速、聲調、語氣等方面進行觀察，看出這個人的心理、個性、價值趨向等。因此，要想盡快了解一個人，透過交流溝通進行言談觀察，是一個很好的方法。

一、說話的聲音：觸動人心的旋律

心理學家研究發現，人與人之間的交流百分之三十五是透過聽覺來實現的。聲音就像人的另一張臉，往往會展現出一個人的性格特徵以及心理變化，因此，聲音是了解一個人的重要憑據。要想全面客觀地了解一個人，我們可以從他說話時的語氣、語速、韻律等方面著手，準確地了解和把握這個人的心境和特點。

1・從語速透視人的內心

語言是人們交流思想、表達情感的一種工具，而說話則是人類的一種本能的釋放。人們在說話時，語速的快慢、緩急直接反映著說話人的心理狀態、性格特徵等。一般而言，語速較慢的人往往性格內向，比較厚道老實，甚至有的人會比較木訥；相反，語速較快的人則往往個性特別外向，偏向於張揚的性格。

在生活中，一個感情豐富、心理健康的人，往往會在不同的環境下，表現出不同的語速。比如，當一個人讀一篇慷慨激昂的文章時，往往會加快語速，藉以抒發慷慨激昂的情感；相反，如果是讀一首優美婉轉的抒情詩歌時，則往往會用一種柔和舒緩的口吻，藉以表現婉轉舒緩的那種美感。

在日常工作、生活中，每個人都有自己固定的語速和說話方式，有的人天生屬於急性子，說起話來就像打機關槍，而有的人天生是慢性子，說起話來不疾不徐。另外，還有的人說話快慢適中，介於急性子與慢性子之間。這些都是人們在長期的工作、生活中形成的性格特徵，我們可以根據人們這些不同的說話方式和語速，來分析一下他們的性格特徵、心理狀態等。

① **說話語速特別慢的人**

這種類型的人就是我們常說的「慢性子」，他們一般性格內向，比較軟弱，缺乏自信，甚至有點木訥。為了掩飾性格上的這些不足，他們行事謹慎，平時很少主動說話，一旦開口說話就放慢語速，反覆斟酌每一個字。即使與人吵架，他們也會放慢語速，以掩飾自己的進攻目的。這正顯示了這種類型的人對生活的態度：小心謹慎，三思而後行。

② **說話語速特別快的人**

這種類型的人最大的特徵就是說話語速特別快，就像打機關槍，一口氣說到底，根本就不給別人插嘴的機會。他們一般性格比較外向，思維敏捷，應變能力強，並且口才比較好，能說會道，善於交際，很會迎合對方的心理。因此，他們在交際場上如魚得水，總能輕而易舉地達到自己的目的。

我們說話的目的就是要讓對方領會自己的意思，但是，由於這種類型的人說話速度太快，往往會使對方疲於追趕他的思維節奏，一旦對方不能確切地把握其說話的內容，就會使得雙方造成不必要的尷尬，甚至是誤會。

但是，我們在與這種類型的人交往時，千萬不要因為他們的話語傷著了自己就誤解甚至記恨對方，也不要因為厭惡這種說話方式而迴避他們。因為，這種類型的人雖然性格比較暴躁，容易生氣、發怒，遇事武斷，甚至可能會一意孤行，但是，他們大多思想單純，沒有心計，是最值得交往和信賴的人。

③ 說話語速平緩的人

這種類型的人說話不疾不徐，面對問題的時候不會魯莽和急躁，有自己的主張和見解，即使有比較緊急的事情，他們也會按照自己的語速講話。通常，團隊的主管或領導者說話時不慌不忙，這就是因為他們說話的時候有自己的主見，而不僅僅是因為他們有卓越的管理能力。

這種類型的人思維細緻，善謀劃，能夠吸取別人的意見，但又不失自己獨到的見解。因此，在工作中，他們的工作效率未必最高，但他們會兼顧品質與效率，能夠做到隨機應變。在生活中，也比較沉穩，做事有計畫、有條理，不至於活在忙碌和煩躁當中。

由於他們在說話時會考慮好自己的言語或表達方式，以及對方的感受，非常有利於自己和對方進行有效的溝通。但是，他們思想比較保守，原則性很強，一般不會隨意改變自己的主意。因此，與這種類型的人交往時，我們不要妄想輕易說服他們，也千萬不要急於亮出自己的底牌，否則，會使自己難以迴旋、陷入窘境。

④ 突然轉變語速的人

比如，一個平時說話慢悠悠的人，在面對一些對自己不利的話時，如果他加快語速進行辯駁，那麼，這些話極有可能是一種無端的誹謗；相反，如果他支支吾吾，半天說不出話來，那麼，這些話極有可能就是事實。

再比如，一個平時伶牙俐齒、口若懸河、語速很快的人，在面對一些人或事時，突然變得吞吞吐吐，前言不搭後語，反應遲鈍，語速慢了下來，這說明：要麼，他做了什麼虧心事，心虛，不敢面對這些人或事；要麼，他對這些人或事懷有敵意，或不滿。

除此之外，根據語速變化情況，識別一個人的心理變化，還有很多其他情況。比如，某男暗戀某女，在別人面前，他能夠談笑自如，保持平常慣有的語速，可一旦面對某女，他就變得不知所措，說起話來含含糊糊，這就說明：他喜歡上她了。

語速的微妙變化，可以清楚地反映出一個人說話時的心理狀況，留意他的語速變化，我們就注意到了他的內心變化，因此，我們可以透過這些微妙的變化認識和把握對方的性格特徵以及心理變化。

2・從言談的聲調探知人心

有人曾這樣說過：「人的表情有二，一是呈現在臉上的表情，二是表現在言談中的表情。」的確，一個人在言談中的聲調，往往可以很微妙地反映出這個人說話時的心理狀況。

生活中，每個人都有自己固定的聲調，除了演員以外，每個人說話的聲調基本都是恆定的。由於不同的人說話的聲調各不相同，因此，只要我們留意一個人在言談中的聲調變化，就可以探知這個人說話時的內心變化。

根據長期以來形成的性格特徵，我們來分析一下人們不同的聲調。

一般說來，一個人說話的聲調常因時、因地、因物而改變，與談話時的環境、氣氛及當事人的感受均有著密切的關係。比如，一個人非常失意，情緒十分低落，那麼，他說話時的聲調必然不會抑揚頓挫。再比如，當老闆的人，說話時總是很響亮，其聲調也總是抑揚頓挫，非常能打動人心。

此外，當一個人說謊的時候，其說話的速度不僅會變得比平常快或慢，而且，其說話的聲調也會不自覺地提高。當一個人希望別人贊成自己的意見或想說服別人的時候，其說話的聲調就會自然地提高。比如，一個男人在外面拈花惹草，其出軌的事情被妻子知道了，男人對妻子辯解時，聲調一定會提高。這是十分常見的現象，人們在堅持自己的意見時，都想提高聲調來壓制對方，而且音量也會隨之增大。相反，其說話的聲調則會降低，說話方式變得含糊不清。

整體而言，人們在日常生活中說話聲調的變化有以下幾種類型：

①聲調從低到高

這種類型的人很容易被自己鼓舞，屬於激進、創新的一類人。他們往往在剛開始說話時，語氣平緩，聲調很低，隨著自己的觀點一點點樹立，立場逐漸明確，他們說話的聲音開始變得鏗鏘有力，聲調也開始慢慢上升，隨著談話高潮的到來，其說話的聲調也會升到最高。很多時候，聽者的情緒往往很容易被這種類型的人調動起來。

② **聲調從高到低**

這種人屬於保守的一類人。他們剛開始說話時的聲調很高，往往越說越低，虎頭蛇尾，到最後，連他也很難聽清自己在說什麼了。這很可能是因為對自己所講的事物沒有多大把握，自己也不見得相信自己所說的。

③ **聲調忽高忽低，飄忽不定**

這種類型的人往往沒有什麼主見或立場，缺乏統籌安排的能力，說話時大多數不能切中要害。因此，他們大多不是胸懷大志之人，即使有機會飛黃騰達，也不能成為人中的龍鳳。

在世上形形色色的人物中，一個人說話時聲調的變化，往往與其情緒波動、心理活動、性格特徵等有著緊密的連繫。因此，當我們從動作或表情上無法識別一個人時，只要注意其聲調的變化，就可以看出其與表情和動作相異的心理狀態。

3・透過不同的聲音類型識人

在日常生活中，聲音往往會給他人留下深刻的印象。因此，當人們不能透過動作、表情等了解一個人時，往往會透過聲音所獲得的印象去識別人。

聲音通常會表現出一個人的性格、品行等特徵，有時也能預測出一個人的前途和未來。因此，我們從談吐方式和聲音的類型，可以大致了解對方的性格或人品。

① 聲音沉穩溫和的人

這種類型的人屬於壓抑派，習慣壓抑自己的情緒，但主見很強，不是那麼容易接受別人的意見。他們信奉「靠山山倒，靠人人倒，靠自己最好」，是別人眼中自立自強的人物。

聲音溫和沉著的男性，乍看之下顯得老實，其實他們往往很頑固，固執己見，不會討好別人，是忠實牢靠、值得信賴的人。

帶有柔和的音質的女性，往往比較內向，她們通常會因為顧及周圍的情況而壓抑自己的感情，但同時又渴望表達自己的情感。這種類型的女性富有同情心，願意主動幫助別人，並且富有主見，有很明確的目標。

② 聲音沙啞的人

這種類型的人屬於強硬派，個性強烈，一路走來，始終如一。他們不僅創意領先眾人，而且有著獨特的服裝品味，很會穿衣服，每次出現，都會讓人們的眼前為之一亮。發出沙啞聲的男性，通常富有行動力，而且耐力十足，但他們最大的缺點就是：自以為是，對一些事情掉以輕心，結果往往貽誤良機。這種類型的男性往往會憑藉個人的力量，在組織團隊裡拓展勢力，造成率先領頭、引導眾人的作用。因此，這種類型的男性常常成為成功的評論家、文學家或政治家。

女性帶有沙啞聲者，往往具有較強的個性，即使外表顯得十分柔弱，也具有強烈的性格。這種類型的女性具有音樂、繪畫的天賦和才能，雖然常與同性意見不合，但很容易獲得異性的歡迎。與這種類型的女性交往或溝通時，千萬不要強迫灌輸你的觀念或想法，以免引起她的反感和不快，造成不必要的尷尬。

③ 嗲聲嗲氣、聲音嬌滴滴而黏膩的人

這種類型的人屬於標準的「天塌下來，先讓別人去頂」的一類人。他們能說善道，交際手腕高超，但害怕自己孤單一人，因此，最愛投入人群，享受熱鬧的感覺。但是，

一旦真正遇到大事，他們就會像菟絲花一樣，老是想依賴他人的幫助。

男性如果發出這樣的聲音，多是在溺愛中長大或獨生子，這種類型的男性一旦遇到需要自己判定事物，就會感到迷惘而不知所措。在單獨與女性談話時，會特別緊張，在追求女性時十分含蓄、被動，絕不會主動發起進攻。因此，他們在別人眼中往往顯得優柔寡斷。

女性發出這種聲音者，通常是極端渴望受到眾人喜愛，如果是單親家庭的孩子，則表示內心期待著年長者的溫柔對待。這種類型的女性往往會因為過多地希望博得他人好感，反而適得其反，使他人十分厭惡、反感。

④ 聲音高亢尖銳的人

這種類型的人一般比較神經質，對環境十分敏感，他們富有創意與幻想力，討厭認輸、向人低頭，說起話來滔滔不絕，喜歡向別人灌輸自己的「高見」。與這種類型的人交往時，盡量不要進行反駁，謙虛的態度會使他們感到異常滿足。

發出高亢尖銳聲的男性，通常個性比較狂熱，容易興奮。他們對女性會一見鍾情，其貿然表白自己心意的舉措，往往會使女性大吃一驚。

女性發出這種聲音者，往往情緒起伏不定，對人的好惡感極為明顯。這種類型的女性通常會因一點小事而勃然大怒，她們也會執著於某一件事，而顧不得其他。

⑤ **聲音粗而沉的人**

這種類型的人，不論男女都具有樂善好施、喜愛當領導的性格特徵。有這種聲音的女性，往往容易受到眾人信賴，容易與周圍人打成一片。在同性中間，她們也有著較好的人緣，大家通常喜歡向她們討教主意。男性有這種聲音者，通常富有強烈的正義感，但其感情十分脆弱，屬於那種行動型的人，往往會成為政治家或實業家。

我們每天都在不斷地聽別人講話，自己也在不斷地對別人說話，只要我們多注意說話者的聲音特徵，就可以從對方的聲音判斷出其性格特徵。怎麼樣？趕緊來看看你身邊的人，是否符合這些特徵吧！

4・從聲音大小了解內心變化

語言是人們在日常生活中互相交流、溝通的工具和手段，說話聲音的大小和個人的性格特徵、心理變化也有著密切的關係。一般來說，透過一個人說話的聲音大小可以了解、透視該人的心理活動。

具體來講，人們說話時的聲音大小有以下幾種類型：

① 說話高聲大氣者

在日常生活中，有些人天生一副大嗓門，說起話來高聲大氣。這種類型的人通常喜歡以自我為本位，支配欲比較強，屬於充滿自信的領導型人物，他們脾氣暴躁、易怒，容易激動，但為人耿直、真誠、熱情，說話直截了當，從不拐彎抹角繞圈子。此外，這種類型的人大都精力充沛，十分自信，具有過人的膽識。

比如，《三國演義》中人們最喜愛的人物之一張飛，就是這一類型人物的典型代表。他說話聲如洪鐘，性情粗豪、爽直、勇猛，因此深受歷代讀者的喜愛。長坂坡大戰中，曹操大軍追趕而至，危急萬分。這時，只見張飛立於橋頭，厲聲大喝：「我乃燕人張翼德也，誰敢與我決一死戰！」吼聲如雷，將曹軍部將夏侯傑驚得肝膽碎裂，跌於馬下。曹操也回馬而走。

另外，需要注意的是：在打電話時說話聲音很大者，通常是表現欲比較強烈的人。

只要有機會，他們都試圖表現一番，即便打電話也是一樣。這一類型的人通常是自信心極強，勇於自我表現，無論什麼時候、什麼場合、面對什麼樣的人，他們都能保持強烈的自信。

②　說話輕聲細語者

這種類型的人多半性格極內向，或常壓抑自己的感情，為人處事小心謹慎，屬於消極派。他們一般都具有一定的文化修養，說話時特別注重遣詞，態度文雅、謙恭。他們對人一般都十分尊重，比較寬容，不會刻意地為難、責難他人，而是想盡一切辦法縮短與他人之間的距離，因此，也很容易得到他人的尊重。

這一類型的男性通常忠厚老實，具有較強的忍耐力和寬容力，能夠吸取和接納他人的意見和建議，並且他們極富同情心和愛心，懂得關心、體諒他人。屬於這一類型的女性比較賢惠、溫柔，善解人意，但是往往會顯得過於柔弱，或多愁善感。

③　說話聲音顫抖者

相信不少人在大庭廣眾面前發言時，都有過顫抖不成聲的經歷。這種類型的人容易怯場，一旦面對大庭廣眾就會聲音顫抖、手腳發冷、臉色變紅，然而他們大都是認真、勤奮、完美主義者，對任何事都要求完美。相反，如果是那些經常說話聲音顫抖者，則多是內心自卑、心理承受能力比較差，或遭遇過挫折、失敗的人。他們不擅於從自身尋找原因，總是找這樣那樣的理由或藉口為自己開脫。

除此之外，還有不少其他類型的聲音規律，在此不再一一羅列。在與人交流的時候，多關注對方的聲音規律，是很容易發現和掌握其個性和心理的。當然，在不同的場合、不同的交流對象，以及不同的談話主題等方面，都會產生或多或少的差異，因此，我們在識別、了解一個人的時候，不可過於教條，一概而論。

5・不同的笑聲展現不同的心靈風景

情緒表達的方式很多，笑是其中最愉悅的一種，它是一種人們最常有的表情，微笑、大笑、冷笑、奸笑、假笑、開懷大笑、皮笑肉不笑，等等。根據一個人的笑聲和笑容，人們往往能夠準確地判斷出該人的心理活動，因此，這對於了解、識別一個人來說是非常有用的。

透過笑的不同類型來分析和識別他人的內心世界，是一個很不錯的方法。

①**經常捧腹大笑的人**

這種類型的人心胸開闊，生性坦率熱情，凡事決斷迅速，從不拖泥帶水。他們多富有幽默感、愛心和同情心，往往在別人需要幫助的時候，在自己的能力範圍內，給他人以適當的幫助。他們比較正直，不是勢利眼，不是「憎人富厭人貧」的那種人，也絕對不會嫉妒別人。

②**喜歡靜悄悄地微笑的人**

這種類型的人性格內向，害羞，善於隱藏自己，心事不輕易向外人披露，而且他們頭腦異常冷靜，思維十分縝密，常常可以讓自己站在局外人的角度冷眼對待身邊的事情。這種類型的人往往給人的第一印象比較好，他們的微笑能讓人覺得沒有距離感，從而讓人放心地與他們交流、溝通。

③**經常縱聲狂笑的人**

這種類型的人平時可能是寡言者，而且顯得有點木訥，一旦笑起來就一發不可收拾了，或笑起來就全身晃動，正所謂笑得前俯後仰。他們通常比較可靠，很適合做朋友，在公眾場合頗受歡迎。

但是，在與陌生人交往時，他們剛開始表現得可能不夠親切、熱情，讓人覺得難以交往、接觸，一旦真正交往起來，就會發現他們十分注重友情，甚至能夠為朋友兩肋插刀，做出犧牲。因此，很多人都願意與他們交往。

④ **喜歡竊竊偷笑的人**

這種類型的人生性保守，大都比較內向，有時自我期望值很大，對別人的要求比較高。他們舉止比較拘謹，為人處事比較靦腆，自尊心較重，一般不會有過激的想法和行為，而且他們不太善於表露自己的感情，常常是細心周到地照顧好自己愛的人。他們很重感情，對朋友很仗義，是可共患難的朋友。

⑤ **喜歡皮笑肉不笑的人**

雖然我們大家都不太喜歡這樣的笑容，甚至有時很難分出這種類型的人是在笑還是在哭，然而，他們一般理想目標都比較遠大，做事沉穩，遇事較冷靜。在婚姻感情方面

比較顧家，具有較理智的愛情觀：麵包重於愛情，先有經濟基礎，再來談情愛。因此，這樣的人很難表現其柔情的一面。

⑥ 經常笑中帶淚的人

這種類型的人經常會恣意狂笑，以至於眼淚奪眶而出。用「喜極而泣」來形容他們是再合適不過的。實際上，這種類型的人熱愛生活，極富有同情心，是熱情、開朗、沒有心機的大好人，而且他們積極進取，尤其能夠犧牲自己，向別人伸出援助之手，一旦朋友有難，就一定會赴湯蹈火，在所不惜，是夠義氣的好兄弟！

⑦ 常常冷笑的人

這種類型的人做事謹慎，工於心計，一般都陰險狡詐，有著很強的疑心病，對任何人任何事都充滿懷疑，嫉妒心極強，感情方面極為自私，對愛人的占有欲強，對喜愛的人百般痛愛，對厭煩的人百般痛恨，愛憎分明。但是，他們很有上進心，小事也比較認真。在交流、溝通的過程中，如果他們發出冷笑，往往意味著他們對正在談的話題或事情不感興趣。

⑧ 喜歡附和別人發笑的人

這種類型的人笑的時候，往往是在別人先笑的時候。他們心地善良，性格溫和，能夠為別人的開心而開心。這種類型的人做事比較認真，態度比較端正，對生活也很樂觀。他們缺乏冒險精神，不夠積極主動，但是，他們的內心狀態不穩定，很容易衝動。除此之外，還有兩種人也喜歡附和別人發笑——就是胸懷城府，不願意表露自己真實情感的人，或善於阿諛奉承的人。

笑的方式有很多種，所表現的內容也非常複雜，除了上面所講到的，還有很多種，比如：喜歡吃吃而笑的人，嚴於律己，富有創造性，想像力非常豐富，而且具有高度的幽默感；經常嘿嘿冷笑的人，則表現出的是該人性格的高傲和清高；喜歡咯咯大笑的人，非常友善、可親，而且懂得關心別人；經常從喉嚨發出猴子般尖笑聲的人，通常不是為自己的好運而得意，就是正在嘲笑別人的不幸，等等。

總而言之，在生活中，笑是一個人情感的流露，是一個人喜怒哀樂的直接展現，表現了一個人的性格、內心的某一側面，只要留心，我們就能準確地把握一個人真實的內心世界。

二、說話的方式：真實自我的洩露

說話的方式有許多種，有直接的，有間接的，有委婉的，有動聽的……同樣一個意思，表達的方式也各不相同，有時候一句話會讓人「笑」，換一句話則會讓人「跳」。俗話說，傻瓜用嘴說話，聰明的人用心說話，智慧的人用思想說話。我們每個人都有特定的說話方式，有的直來直去，有的旁敲側擊，有的拐彎抹角，有的談吐幽默、妙語連珠，有的阿諛奉承、善拍馬屁……總而言之，人們的說話方式各不相同，所反映的性格特徵也各不相同。因此，要想了解一個人，最直接的方法就是透過對方的說話方式進行了解和識別。

1．由說話特點看對方性格

一般來說，我們說話的最終目的就是將自己要表達的意思傳達給對方，如果想讓對方更好、更愉快地接受，這就要看我們說話時的方式、態度了。我們每一個人說話時的方式和特點是各不相同的，因此，從一個人說話時的方式和特點等方面，完全可以看出

對方的性格。

① **經常妙語連珠者**

一般來說，說話時經常蹦出奇言妙語的人大多反應迅速，頭腦非常聰明，他們通常能觀察到事件的根源，具備臨場化解危機、語出驚人的能力。並且，這種類型的人談吐幽默、機智風趣，往往會給人們帶來意想不到的樂趣。

② **善說恭維話者**

那些善於說恭維話者或阿諛奉承者，通常都比較圓滑世故。在日常生活中，這種類型的人往往對他人有很好的洞察力，能夠體會到他人的心情，然後投其所好。他們隨機應變的能力很強，性格容易發生變化，在為人處事方面多能如魚得水、左右逢源，能夠與絕大多數人保持良好的關係。

其實，善說恭維話者與阿諛奉承者還是有所區別的。前者為了擁有圓滿而順利的社會生活，在言辭之間刻意地加入了不少敬辭。而那些阿諛奉承者的最終目的則是為了爬上高位，從而不擇手段地拍馬奉承，為正人君子所不屑。

這種類型的人相當精明，表面上他們很容易向他人妥協，而實際上他們有著自己的小算盤，很少有吃虧上當的時候。

③ 總愛發牢騷者

那些習慣於在說話的時候不斷發牢騷的人，通常好逸惡勞、安於現狀、自視清高、不思進取，往往都是對自己要求鬆，對別人要求嚴，要求給予的回報多。比如，「拿手術刀的不如拿剃頭刀的，做導彈的不如賣茶葉蛋的」。這是典型的知識分子牢騷，他們大多自視清高，一旦現實中無法保持他們這種優越地位時，就借發牢騷進行宣洩。

此外，愛發牢騷的人都有個共同的缺點：自私自利、氣度狹小。雖然他們很想改變自己的處境，但是往往安於現狀，沒有實際行動，一旦遇到困難和挫折，就立即退縮、逃避，然後將一切原因都歸咎於外界因素。

這種類型的人很難成就事業，甚至會妨礙他人的進取，他們很少設身處地替別人著想，總期望得到一些不屬於自己的東西，並且永不滿足。因此，我們在生活中如果遇到愛發牢騷的人，最好敬而遠之，與其保持一定的距離。

④ **經常使用禮貌用語者**

禮貌用語是人們日常工作、學習、生活中，經常使用的約定俗成的一些禮貌語言。一般來說，在言談中經常使用禮貌用語的人，一般都有一定的學識和文化修養，心胸非常開闊，能夠給予他人足夠的尊重和體諒，包容他人的錯誤。

比如，在英國，警察對違章司機進行處理時，總先說聲「對不起」，接著再說「您的車超速了」；需要請人幫助，他們總先說聲「對不起」；如果兩車相撞了，大家都會先彼此說聲「對不起」。在這樣的氣氛下，雙方都顯示出了應有的禮貌、教養、風度，也得到了應得的尊重、親切和友情，爭吵自然也就不會發生了。

⑤ **說話沒邏輯者**

這種類型的人有一個共同的缺點：辦事缺乏條理，缺乏理性邏輯思考能力，既聽不進別人的意見和建議，又拿不出自己的想法和看法。此外，他們說話辦事一切以自我為中心，一味地按照自己的想法去做，根本不為自己的言行負責，完全不懂得為別人著想。

⑥ 喜歡講方言者

語言是一種交際工具。一口流利清晰的話，固然利於交際，但在適當的場合來點語言寶庫中的「土特產」——方言，也有其獨特的魅力。說話的時候喜歡講方言的人，通常感情豐富，而且又特別重感情。這種類型的人往往自信心比較強，有一定的魄力和膽量，交友也比較廣泛，因此，他們通常容易獲得成功。

一般來說，講一種方言，就會有一種特定的氣質。比如，說某個人使壞時，杭州女孩說不定會說：你這人真討厭。而北京女孩則很可能會說：丫肚子裡儘是壞水。賢淑中的嬌羞，豪爽中的放肆，只需要一句方言，就盡顯無疑。

⑦ 說話拖泥帶水、廢話連篇的人

一般情況下，這種類型的人多半比較軟弱，膽子比較小，責任心不強，一旦遇到事情容易推脫逃避，並且他們的心胸也不夠開闊，嫉妒心非常強，總愛嘮叨，整天為一些雞毛蒜皮的小事糾纏不清。雖然他們對現實的狀況有許多不滿，但由於缺乏開拓進取的精神，並且不會尋求改變，只是等待，因而往往很難取得成就。

⑧ **說話簡潔明瞭者**

在人際交往中，說話簡潔明瞭的語言總比繁雜冗長的話題更吸引人，因此，人們往往都喜歡說話言簡意賅的人。說話簡潔明瞭的人，一般性格多豪爽、開朗、大方，行事相當幹練和果斷，從不猶豫、拖泥帶水，說到做到，非常有魅力和開拓精神，喜歡創新。這種類型的人往往給人一種生氣勃勃的感覺，可以在較短的時間內獲得人們的好感，使人覺得易於接近和交往。

2・從使用的幽默方式看人

幽默是一個人聰明和智慧的展現，因此，幽默不僅可以使當事人從尷尬中解脫出來，而且還可以增進人與人之間的感情。正因為如此，一個具有強烈幽默感的人，往往更容易博得人心，取得成功。

① **善用幽默打破僵局的人**

在日常生活、工作中，我們往往會遭遇這樣那樣的僵局，比如，約會時遲到了，與

朋友一同進餐時突然來了陌生人，演講或主持會議時話筒沒有開啟……這些無法預料的僵局往往會使我們陷入意想不到的尷尬處境之中。善於運用幽默的人，通常都可以運用幽默輕鬆巧妙地打破僵局、化解尷尬。

這種類型的人大多數反應都比較快，隨機應變能力比較強。而且，他們大多都有比較強烈的表現欲，希望得到他人的注意與認可。事實上，由於他們自己出色的表現，往往會成為受人關注的對象，這正好迎合了他們愛表現自己的心理。

② 善用幽默自嘲的人

幽默一直被人們奉為只有聰明人才能駕馭的語言藝術，而自嘲又被稱為幽默的最高境界。由於自嘲就是拿自身的失誤、不足甚至生理缺陷來「開涮」，因此，善於自嘲式幽默的人，首先應具有一定的勇氣和自信，才勇於進行自我嘲諷。

這種類型的人通常心胸寬闊，自信心十足，能夠接受他人的意見和建議，進行反省和總結，尋找自身的錯誤和不足，並加以改正。因此，他們在別人眼裡往往魅力十足，讓人十分敬佩。

③ **喜歡用幽默搞惡作劇的人**

這種類型的人大多活潑開朗、熱情大方，有著很寬廣的胸懷，對萬事萬物看得比較開，即使有壓力，自己也會想辦法緩解這種壓力，因此他們通常活得很輕鬆。此外，這種類型的人往往自然隨和、不拘小節，不喜歡受到拘束，性格比較頑皮，喜歡與人開玩笑。他們的抗壓性都比較好，能夠靈活應對各種場面，有著極強的交際能力，人際關係很好，容易受到人們的關注。

④ **喜歡用幽默挖苦別人的人**

這種類型的人往往心胸比較狹窄，有較強的嫉妒心理，有時甚至做一些落井下石的事情。事實上，他們通常有著較強的自卑心理，生活態度較消極，常常進行自我否定，之所以常挖苦別人，完全是嫉妒心在作祟。正因為如此，他們整天在盤算著挖苦他人，而自己卻從未真正地快樂、開心過。

⑤ **喜歡用幽默嘲笑、諷刺別人的人**

在生活中，我們常會遇見一些會用幽默的方式嘲笑、諷刺他人的人，這種類型的人給我們的第一印象往往是相當機智、風趣，能夠關心和體諒別人。然而，實際上這種類型的人通常非常自私，他們只在乎自己，為人處事小心謹慎，嫉妒心特別強，一旦別人取得了成就，他們就會故意進行貶低。此外，他們還睚眥必報，無論是誰傷害過自己，他們都會想盡辦法讓對方付出代價。

⑥ 喜歡用幽默譁眾取寵的人

有一些人，有著很好的口才，很強的應變能力，為了向他人表現自己的幽默感，常常會事先準備一些幽默段子，然後在不同的場合不斷地說。這種類型的人能夠很好地控制自己的情感，生活態度比較積極、嚴謹，做事也很認真，他們常常為了達到自己的目的而去精心準備。因此，這種類型的人往往熱衷於那些形式化的東西，而且特別在乎別人對自己的看法和態度。

⑦ 經常自然而然地運用幽默的人

這種類型的人恰恰與事先預備幽默的人相反，他們的幽默往往都是在自然而然中流露出來的。他們頭腦靈活，思維活躍，有很強的想像力和創造力，但是，不喜歡受到約束，偏愛自由，通常喜歡生活在自由、新鮮的環境中。

總而言之，幽默是一種重要的品質，我們每一個人都是具有幽默感的，只是有不同的表現方式，並且受到時間、空間等各種條件的限制。當一個人將他的幽默感表現出來時，他的性格也就顯示出來了。所以，透過不同的幽默方式我們可以看出一個人的性格。

3・口頭禪背後的眞性情

日常生活中，我們在說話的時候往往會無意識地高頻率使用一些詞語，這就是口頭禪。口頭禪的形成與使用者的性格、生活遭遇、精神狀態等有著緊密的連繫，具有鮮明的個人特色，能夠真實、準確地展現出說話者的心理、個性。因此，在交流時，只要我們注意觀察對方的口頭禪，往往就可以洞悉其內心世界。

下面，我們就來分析一下以下幾種常見的口頭禪：

① 經常用第一人稱的人

在人際交往中，有些人張口不離「我」、「我的」、「我們」等口頭禪，這種類型的人不是軟弱無能冀望於得到他人的幫助，就是虛榮浮誇，具有很強的表現欲，在尋找各種機會強調自己，以引起他人的注意。他們往往獨立意識不強，缺乏主見，總是隨聲附和他人，非常依賴團體和他人。一般來說，與這種類型的人交往，是比較安全的。

② 常把「所以說」掛在嘴邊的人

我們經常會遇到一些人，喜歡把「所以說」掛在嘴邊，他們總認為自己所說的話具有絕對的權威性。其實，這種類型的人虛榮心很強，通常愛獨攬功勞，非常喜歡表現自己，但是往往得不到他人的認可和理解，即使他們的觀點很有道理，周圍的人也不願意去傾聽、了解他們的心聲。一般來說，這種類型的人很難相處，因為他們只是希望得到別人的認同，渴望自己在他人心目中樹立「見多識廣，什麼都懂」的形象。

③ 經常說「絕對」、「肯定」、「百分之百」的人

從心理學上講，這種類型的人往往比較主觀，不顧及他人的想法，習慣以自我為中心，喜歡給自己遇到的事情定性，容不得他人的不同聲音或反對意見。有時他們的「絕對」被人駁倒後，為了掩飾自己內心的不安，總要找一些理由加以解釋，總想讓自己的東西被人接受。但是，他們也比較熱情樂觀，對自己的信心很足，喜歡大包大攬，辦事能力和認真態度卻值得商榷，因此，往往給人留下自戀的印象。

④ **經常說「說真的」、「老實說」、「不騙你」的人**

這種類型的人大多性格急躁，內心常有不平，一般都缺乏自信。他們十分在意對方對自己所陳述事件的評價，總是有一種擔心對方誤解自己的心理，因此，一再強調事情的真實性，希望自己的話被他人認可，並得到他人的信賴。這種類型的人多半有被人誤解或不相信的經歷，所以，他們很希望透過一再強調，得到他人的信賴。

⑤ **喜歡說「對啊」的人**

日常生活中，常有人用「對啊」這個詞語來肯定對方說的話，表示毋庸置疑。一般而言，這種類型的人通常不屬於那種自我意識特別強烈的類型，個性表現上也不強烈，更不會勉強別人照著自己的步調走。其實，講這種話的人並非發自內心、謙虛地認為你的話都是正確的，是因為這樣比較容易和別人相處融洽，使自己的人際關係更加融洽、順利而已，暗地裡卻常常是為了自己的利益而精打細算，為人處事比較圓滑。因此，這種類型的人是算計他人、處世圓滑、不得不提防的危險人物。

⑥ **經常說「這個」、「那個」的人**

我們周圍不乏一些這樣的人，在與之交談時，他們經常會停下來，放慢語速說：「這個……」「那個……」這可能是由於說話者自身掌握的詞彙少，或是反應比較遲鈍而導致，他們在說話時利用它作為間歇的方法而形成了口頭語。再或者比較有城府的人也愛用這種口頭禪，比如有些公務員，因怕說錯話，需要間歇來思考。這種類型的人為人處事謹小慎微，一般較和藹親切，待人接物時也能做到客觀理智，冷靜地思考，認真地分析，然後做出正確的判斷和決定。

⑦ **經常使用「其實」的人**

心理學家研究發現，喜歡說「其實」的人大多有一種自我欣賞的傾向，自我表現欲強烈，希望能引起別人的注意，他們大多比較任性和倔強，並且多少還有點自負，往往不易改變自己的想法。因此，在與經常說「其實」的人交往時，我們最好用不容置疑的口氣加強自己的觀點。然後，當對方開始為自己的錯誤尋找藉口時，可以採用大量的事實指出他的錯誤，最終讓其心服口服。

⑧ 喜歡說「不」的人

對於女性來講，有這樣口頭禪的人往往女人味十足。會說「不」的女性常常都是比較能幹的，她們有主見，能持家，可以獨立完成某些工作。據研究顯示，不少女性嘴上常常說「不」，但在心理上是願意的。因此，面對這種有口無心的女性時，男性千萬不要和她們較勁。

喜歡說「不」的男性，則與女性恰恰相反。這種類型的男性性格剛強，做事乾脆俐落，不喜歡拖泥帶水，對於自己不喜歡或不願意的人和事，會很果斷地拒絕，絕不會採用拖延或敷衍的態度。他們很有主見，但往往考慮事情不周全，顯得有些衝動、魯莽。

另外，人們經常使用的其他口頭禪還有很多，比如有些人喜歡用「但是」、「不過」等連接詞，表現了這種類型的人思考能力強，習慣邊說話邊思考，大多能言善辯，有探求深奧理論的興趣；有些人經常使用「我想」、「我認為」等語言表達方式，展現了這種類型的人小心謹慎、怯懦的性格特徵。

事實上，幾乎每個人都有口頭禪，即使有些人說話時沒有口頭禪，這並不代表他們從未有過，可能以前有，但後來逐漸地改掉了。如果想透過口頭禪更好地觀察、了解和判斷一個人的性格和內心世界，這就需要我們在生活中和人際交往中仔細觀察、認真揣摩分析，這樣才會收到良好的效果。

4．不同的言談不同的性格

在人們日常生活中，言談有著舉足輕重的作用，幾乎每一個人都離不開它。同樣的話從不同的人嘴裡說出來，為什麼就會產生不同的效果呢？俗話說：「一母生九子，九子各不同。」這主要是因為每個人與他人之間都有著很大的差異，併產生了不同的性格，從而決定了說話者的言談方式各不相同。因而，我們可以從一個人的言談方式，去了解他的性格，從而把握他的心理活動。

①　義正言直的人

這種類型的人說話時義正詞嚴，有一種不屈不撓的精神，他們處理事情公正無私，原則很性強，立場堅定，是非恩怨分明，絕不徇私舞弊。然而，他們在處理問題時一根筋，不擅於變通，為了堅持原則，常常顯得非常固執。但是，他們往往因此而得到人們的尊重，他們的不苟言笑，卻又讓人產生敬畏之感。

② 說話平緩的人

這種類型的人往往舉止優雅，為人寬厚仁慈，思想保守，喜歡恪守傳統。他們大多屬於細心思考型的人，反應不夠敏捷果斷。但是，他們富有自己獨特的思想、縝密的思維，虛心好學，善於思考，是值得人信任的。

③ 誇誇其談的人

這種類型的人善於從宏觀、整體上把握事物，考慮問題比較深遠，往往在侃侃而談中產生奇思妙想，富於創造性。然而，由於他們從不把瑣屑的小事放在心上，雖然有廣博的知識、閱歷、經驗，但都不深厚，因此，在做事情時缺乏系統性和條理性，往往會導致錯過重要的細節。

④ 講話溫柔的人

這種類型的人謙虛有禮、性情溫和，不喜歡爭強好勝，對權力的欲望很平淡，與世無爭，不是萬不得已，是不會輕易得罪人的。正是因為他們的這種柔弱的性格，使他們成為了意志軟弱、膽小怕事、怕麻煩的一類人。

⑤ 轉守為攻的人

在談話過程中，能夠根據談話的進行，在很短的時間內正確地分析自己的處境，適時地尋找適合的方法轉守為攻的人，往往心思縝密，遇事能夠沉著冷靜地面對，隨機應變能力強，能夠根據形式適時地調節自己。他們做事穩重，從不做沒有把握的事情，總是首先保證自己不處於劣勢，然後再追求進一步的成功。

⑥ 抓住弱點攻擊對方的人

這種類型的人言辭鋒利，在分析問題時很透澈，看問題往往能抓住重點，甚至有些尖刻，喜歡尋找、攻擊對方的弱點，一旦抓住對方的弱點就進行猛烈的反擊，根本不給對方迴旋、反手的餘地。然而，他們往往忽略了總體，很難從宏觀上把握問題的實質與關鍵，甚至做出捨本逐末、買櫝還珠的事情。

⑦ 辭令豐富、善講大道理的人

這種類型的人通常能說會道，大多思維敏捷，反應速度快，隨機應變能力強，有一定的知識「儲備」，對於處理各種問題相當老練，因而好為人師、善於跟他人講大道理，以顯示自己的高明。他們接受新生事物的能力很強，做事情時，只要不超出他們的能力範圍，完全可以放心；但是，一旦超出他們的能力範圍，他就會顯得慌亂，無所適從。並且，這種類型的人往往比較圓滑世故，所以人際關係很不錯。

⑧ **談吐幽默的人**

這種類型的人大多胸襟豁達，做事很少死板地去遵循一些規則，他們甚至完全是不拘一格。在為人處事方面，他們通常非常圓滑、靈通，顯得十分聰明、活潑，許多人都願意與他們交往，因而，這種類型的人往往會有很多的朋友。

⑨ **喜歡標新立異、滿口新名詞的人**

這種類型的人好奇心強，敢向權威說不，喜歡向傳統挑戰，有很強的開拓性，並且能夠很快地接受新生事物，並運用於日常生活中。但是，他們通常沒有主見，不能冷靜思考，易失於偏激，往往不能獨當一面，遇到困難不能單獨解決。因此，這種類型的人比較適合做一些有開創性的事情。

⑩ 能夠運用妙語反詰、說服對方的人

在談話中能夠運用妙語反詰對方，並能夠以充分的論證論據說服對方的人，不僅會說，而且更會聽，當形勢對自己不利時，能夠抓住各種機會反擊，從而使自己處於主動地位。這種類型的人通常都有自己獨特的洞察力，往往能夠對他人有非常清楚的了解，然後使自己占據主動地位，使對方完全按自己的思路走，以贏得最後的勝利。因此，他們是非常優秀的外交型人才。

此外，還有許多不同的言談方式，比如：善於在談話中旁敲側擊的人，通常圓滑、世故，能夠聽出一些弦外之音，常做到一語雙關；經常在談話時濫竽充數的人，大多膽小怕事，遇事推卸責任，凡事只求安穩太平，沒有什麼野心；常常在談話中軟磨硬泡的人，往往都具有頑強的性格，有一股不達目的誓不罷休的精神，一直等到對方實在沒有辦法，不得不答應，才罷手。

三、說話的內容：掌握人心的祕訣

俗話說：「三句不離本行。」在談話的過程中，人們通常不會非常直觀地說出自己內心的想法，但一個人的所思所想，不會脫離他的生活經驗，總會有意無意地說出一些與自己的生活、思想有關的東西。因此，我們可以從一個人說話的內容，去了解他的所思所想、性格特徵等。

1・從閒談的話題判斷人的本性

談話是我們日常生活中不可缺少的一項重要內容，任何一項事物都可以成為我們談論的話題。雖然談話者一般不會非常直觀地說出自己內心的祕密，但隨著談話的進行，從談話者所談話的話題中，我們可以判斷出他的性格、閱歷、素質、涵養等方面的資訊。

① 話題經常偏重於自己、家庭或工作的人

如果一個人所談的話題經常涉及到自己的經歷、職業，以及自己對外界一些事物的看法、態度和意見等，一般來說，這種類型的人屬於以自我為中心者，主觀意識較濃厚，愛表現和公開自己，並且性格大多比較外向，感情色彩鮮明而且強烈，甚至多少有點虛榮的心理。

②　**不經常談論自己的人**

如果一個人很少或從不談論自己的經歷、職業，以及自己對對外界一些事物的看法、態度和意見等，一般來說，這種類型的人性格比較內向，主觀意識比較淡薄，不太愛表現和公開自己，並且大多比較保守，感情色彩不鮮明也不強烈，甚至多少有些自卑的心理。另外，還有一種可能就是：這個人的城府很深。

③　**經常談論未來的人**

如果一個人喜歡暢想未來，表示他是一個善於想像、愛幻想的人。其中，有的人會將想像付諸實際行動，而有的人則不重實際。前者注重實際行動，往往會實實在在地去做，通常都可以取得成功；而後者總是停留在幻想和口頭上，很少去實實在在地做，因而最終往往一事無成。

④　**經常將金錢扯入話題中的人**

如果一個人無論談什麼，都會不自覺地將金錢扯入話題中，一般來說，這種類型的人往往缺乏夢想，是超級現實主義的人。由於他們太過於傾向現實主義，將賺大錢看成是自己人生唯一的夢想，因而根本不關心別人會有何種夢想。其實，這種類型的人內心十分缺乏安全感，總擔心自己身無分文，被世界所遺棄。

⑤ **話題內容多傾向於生活瑣事的人**

如果一個人談話的內容多傾向於生活中的瑣事，說明他是一個重視家庭、安於享樂的人，注重享受生活的舒適和安逸。

⑥ **喜歡談論國家大事的人**

如果一個人經常喜歡談論國家大事，表示他的視野和目光比較開闊，有大局觀、有遠見，而不是局限在某一個小圈子裡，同時，性格上不注重細節。

⑦ **對他人祕密特別感興趣的人**

從心理學的角度看，一個人知道了他人的祕密，常常會覺得是一種值得炫耀的驕傲，因此，要想長期隱藏在自己的心中是一件很難的事情。所以，這種類型的人往往很難獲得真正的友誼，他們的內心通常非常孤獨、寂寞。

⑧ 離題萬里或不斷轉變話題的人

在談話中，有些人總是把話題扯得很遠，離題萬里，或者不斷地轉變話題，這表示他思想不夠集中，或者缺乏邏輯思維能力，而且缺少必要的寬容、尊重、體諒和忍耐。

⑨ 喜歡對話題進行推理的人

如果一個人在說話時喜歡對話題進行邏輯推理，並時時給予一定的判斷和評價，這表示他是一個邏輯思維能力很強的人，並且注重客觀實際，自信心和主觀意識比較強，常會將自己的思想觀點強加於他人身上。

⑩ 不太喜歡說話的人

如果一個人經常在談話時沉默寡言，不願意對他人的話進行評論，不得已時才發表自己的看法，這種類型的人大多真誠正直，為人持重，非常值得信賴。

我們在日常生活中所談論的話題何止千萬，人們的性格類型也遠不止這些，如果你想從談論的話題中更多地觀察對方，靈活自如地駕馭和把握對方的心理，那麼，你就要在與對方交往時多花費心思了。

2．言辭過恭，必懷戒心

現實生活中，人與人之間需要交往，比如，父子之間、朋友之間、同事之間……都需要交往，而交往就必須要依靠「禮」來維持。無論與任何人交往，只要以禮相待、恭敬有加，久而久之，必然能夠使他心花怒放，滿面春風。

因此，一個人為了擁有圓滿而順利的社會生活，其言辭之間必定少不了謙虛、恭敬的話。然而，謙虛、恭敬的話要視情況而使用，比如在一些無關緊要的場合，或很熟悉的人際關係中，就沒有必要再使用恭敬語了。相反，如果有人過分地使用恭敬語，那就表示他有敵意、輕蔑、嫉妒和警戒心等。

生活中，我們常常會遇到一些人，在與人交往的時候，總是一副低聲下氣的樣子，始終用一種非常謙虛的態度、讚美的口氣說話。剛開始交往時，我們也許會覺得他們謙虛禮貌、彬彬有禮，決不會對他們產生厭惡；但是，隨著交往的日益深入、了解的日漸增多，往往會發現他們原來是口是心非的人，只是表面謙虛而已。

事實上，這種過分謙虛的人常常掩飾了自己內心的真實想法，而且往往錯誤地認為這些想法不可輕易讓他人知道。因此，他們在與人交往的過程中，總是以一種非常低調的姿態做人，將種種欲望、衝動和情緒完全壓抑在內心深處，死死禁錮著。久而久之，他們心中被壓抑的欲望、衝動和情緒越積越多，為了更好地掩飾自己的這些心理活動，他們進而會更加謙恭，以更加謙虛的態度做事、讚美的口氣說話。

因此，希臘哲學家希爾泰說：「切莫輕信過分謙虛的人，尤其對方擺出諷刺他自己的態度時，更不能驟然相信。因為，這種謙虛的背後，八成隱藏了強烈的虛榮心和功名心。」在正常的人際關係中，人與人之間並不需要過分的謙虛。如果在與人交往時，對方突然用過分謙虛的言辭談話時，我們千萬要小心了。因為，這種以令人難以忍受的過分謙恭的態度對待他人的人，內心深處往往積聚著對他人激烈的敵意、輕蔑、嫉妒和警戒心，甚至強烈的攻擊欲。

3・從客套話中看人的真心

由於受傳統思想的影響，中國人普遍有說客套話的習慣。因此，在日常生活和工作中，我們難免要說一些客套話，或遇到一些說客套話的人。其實，客套話的出現和存在，是社會發展的必然結果。在人們交往的過程中，如果沒有客套話，人與人之間的連

繫將無法順利進行。

中國人往往都有留客的習慣，比如，親朋好友來到家裡，總是要在客人離開時說挽留的話，即使家裡根本住不下，也要說：「別走了，住下吧！」或者，根本不想真心留客，還是要說：「有空再來玩！」「那下次來一定要多住幾天！」等等。如果不說這些客套話，主人和客人往往都不習慣，甚至有些客人還會不高興。

親朋好友之間互相說些客套話，不論高明與否都無傷大雅，但是那些習慣把客套話掛在嘴邊的人，恐怕就會讓人產生逢迎拍馬的印象。因此，我們可以說，客套話是一把雙刃劍，既是交際手腕中不可缺少的技巧，也是危險的手段之一。若想順利地加深自己與朋友的關係，就一定要恰當地運用客套話，一方面自己要避免戴著假面具說虛偽的話，另一方面要透過對方所說的客套話了解其內心的真實想法。

① 過多使用客套話的人

在日常生活中，我們通常不需要過多的客套話，一旦對方過多地使用客套話，往往表現出了他輕蔑、嫉妒、戒備等的心理。這種類型的人通常會在無意識中將他人與自己隔離，具有防範自己不被侵犯的預防功能。

② **突然插入客套話的人**

在雙方的談話過程中，對方突然插入了客套話，這時候你就必須特別小心了。此時，他的客套話表示的往往不是尊敬，很可能含有別有用意的因素。比如，男女朋友或者夫妻之間的某一方，突然使用了異乎尋常的客套話時，就很可能是心裡有鬼的徵兆。

③ **對親密的人講客套話的人**

在很親密的人際關係群中，交情深厚的朋友突然對你講起了客套話，甚至在交談中常常有意識地使用敬語，這表示你們之間出現了新的障礙，或者他的內心很可能存有自卑感，或隱藏著敵意。

④ **彼此交往很久仍講客套話的人**

假如一個人與你交往了很久，彼此之間都已經很熟稔、很了解了，但是他還是小心謹慎地運用客套話與你談話，那麼，這種類型的人很可能在心理上異常苦悶，或者心中懷有敵意。如果他故意使用客套話與你談話，那麼，這種類型的人很可能是想突破你心中的警戒線，闖進你的心裡。

在日常生活中，如果我們稍加留意，就會發現許多人言談中的客套話，往往代表著他們不同的想法。雖然這些客套話不具有決定意義，如果我們加以注意，仔細地把握住了，在談話、辦事時往往會處於主動、有利的位置，否則，很可能會陷入被動、不利的局面。

4．從言辭看穿人的謊言

我們的現實生活中充滿了大量的謊言，人們往往為了自身的利益或某種需求去撒謊，不管我們願不願意面對這樣的現實，事實上這都是客觀存在的，我們無法迴避它們，必須去面對。那麼，我們怎樣才能透過表面現象得到真相，看穿別人的謊言呢？

無論怎樣，謊言總是由各種虛假的語言和動作組裝起來的，我們只要把握其中最關鍵的環節——言辭，就一定可以將這些謊言一一識破、看穿。

雖然謊言的語言形式並沒有什麼特殊之處，完全符合語法與邏輯結構規律，然而事實上，由於謊言以欺騙為目的，都需要一個自圓其說的過程，因此，撒謊者在說謊時往往會不自覺地留下一些語言的「破綻」。

一般來講，大部分撒謊者在語言表述上都可能具有以下四個方面的特徵：

①**言辭中代詞缺失，避免使用第一人稱**

現實生活中，一個誠實的人在講話時，通常會強調代詞或者至少不會省略代詞，比如，「今天我是開車來上班的」，或者，「晚上我們家裡要來客人」，等等。相反，撒謊者為了竭力使自己同謊言保持一定的距離，在說話時，特別是在敘述他們自己的事情時，往往會下意識地避免使用第一人稱「我」這個代詞，而且說話聲調單一乏味。

②**言辭中所表達的資訊過量**

通常情況下，我們在語言交際的過程中，往往根據對方的需要提供資訊，不提供不需要的資訊，而撒謊者老想著把謊言編得更圓滿，往往在言辭中表達出過量的資訊，很明顯地違反了常情，因而很容易引起我們的注意。

比如，面試時，考官問：「你在以前工作的公司做銷售時，月收入一般是多少呢?」如果面試者說：「六萬左右。」這就是一種非常可信的說法。相反，如果面試者說：「一般為六萬左右，這是真的，因為現在的物價比較高，並且我的銷售業績也不錯……」這就極有可能是在說謊了。因為，面試者給出了考官不需要的一些資訊，並且刻意地用「這是真的」等言辭，去強調月收入六萬的真實性，結果反而透露了其語言的欺騙性。

③ 表達含糊其辭，內容避免細節

一般來講，撒謊者為了將謊言編得圓滿，能夠自圓其說，這都需要一個過程，因此，一旦談論到某些具體細節的話題，而又一時無法把證明謊言具有「真實性」的某些詳細內容說出時，他們往往含糊其辭，避免說一些細節，非常簡練地講個大概就完了。有時候，再加上緊張或內心矛盾等原因，他們可能不會考慮句法結構和語法邏輯，說話顛三倒四，沒有重點。

④ 言辭內容不符合情理

那些心裡有鬼的人為了使自己的話更令人信服，總是會過分地畫蛇添足，在他們的陳述中往往會包含許多冗餘的細節，並且言辭內容有一些誇大或不符合情理的成分。只要我們仔細地找出這些違反常理的細節，就能夠準確地看出其中的虛假性。

比如，有一個應屆畢業生，在面試時說，自己在一個總資產達到四十億的公司實習時，由於自己的優異表現，老總曾許給自己公司副總的職位和五萬的月薪。對任何一個企業來講，一個副總所要承擔的責任有多大，是不難想像的，而身為一個沒有任何工作經驗的畢業生，獲得這種機會的可能性幾乎是零。因此，我們很容易就看出，該畢業生的話不符合常理，不僅有誇大吹牛的成分，而且還有撒謊的嫌疑。

總而言之，撒謊者最大的破綻往往在言辭上，雖然他們非常留意自己說話時的言辭內容和字眼，但他們只能掩飾、偽裝別人最關注的地方，一些細節之處還是很容易露出破綻的。因此，只要我們多注意他人的言辭細節，往往很容易識別出他們是否在說謊。

四、說話的習慣：開啟心靈的鑰匙

人們大多會透過語言來表達自己的喜怒哀樂，並且每個人都有自己的說話習慣，不同的人說話習慣也都有各自的特點。一個人的說話習慣與其性格特徵等有著直接的關聯，可以幫助我們清楚、準確地認清一個人。

1．從打招呼的用語觀察人的性格

打招呼是最簡單、最普遍的禮儀，是人與人交流的第一步，然而，打招呼也有多種不同的方式和習慣，不同的人打招呼的方式和習慣各不相同，並且這些方式和習慣，大多是性格使然的習性，尤其是打招呼的用語，往往能夠清楚、準確地反映出該人的心理狀態及性格。

招呼用語表示的是打招呼人與被打招呼人之間的一種交往關係。說話者最經常使用的招呼用語，往往最能夠揭示出說話者的性格特徵和內心世界。這個方式最適用於剛剛結識某人或與熟人相遇時。

① 常把「嗨！」作為招呼用語的人

這種類型的人往往多愁善感，性格靦腆、害羞，晚上寧肯同心愛的人待在家中，而不願外出消磨時光。並且，他們由於經常擔心出錯，而不敢做出新的嘗試，極容易陷入為難的境地。但是，這種類型的人與家人或知心朋友在一起，通常顯得非常熱情、可愛。

② **常把「喂！」作為招呼用語的人**

這種類型的人通常精力充沛，活潑好動，並且坦白直率，渴望受人傾慕。此外，他們思維敏捷，快樂向上，富於創造性，往往具有良好的幽默感，並善於聽取不同的見解。

③ **常把「你好！」作為招呼用語的人**

這種類型的人大多頭腦冷靜，能夠控制自己的感情，性格上比較保守，不喜歡大驚小怪，在工作上勤勤懇懇，一絲不苟，往往能夠深得朋友們的信賴。

④ **常把「你怎麼樣呀？」作為招呼用語的人**

這種類型的人多半對自己充滿了自信，喜歡拋頭露面，利用各種機會出風頭，惹人注意。他們做事之前喜歡反覆思考，不會輕易採取行動，一旦接受了某一項任務或開始了某一項工作，他們就會全力以赴地投身其中，不圓滿完成，決不罷休。

⑤ **常把「看到你真高興！」作為招呼用語的人**

這種類型的人是十足的樂觀主義者，性格開朗，待人熱情、謙遜，通常喜歡參與各

式各樣的事情，而不是袖手旁觀。然而他們容易感情用事，常常會沉於幻想之中。

⑥ **常把「有啥新鮮事情？」作為招呼用語的人**

這種類型的人大多雄心勃勃，熱衷於追求物質享受。他們辦事計畫周密，有條不紊，並且凡事都愛刨根問底，弄個究竟，遇到事時沉著冷靜，不隨便表態。

⑦ **常把「過來呀！」作為招呼用語的人**

這種類型的人通常辦事果斷，膽大心細，喜歡冒險，樂於與他人共享自己的感情和思想，並且他們能夠及時從失敗中吸取教訓，引以為戒。

俗話說：「良言一句三冬暖，惡語傷人六月寒。」不管是什麼樣的打招呼方式或招呼用語，它們不僅僅是個禮貌性的行為或用語，而且更是透露人的性格的法寶。

2・從選擇的聊天場所了解他的爲人

聊天不僅可以加深人與人之間的感情，而且還可以拉近彼此的距離，更可以造成休閒、放鬆的作用。因此，聊天不僅是人與人之間互相交流、溝通的一種手段，同時，還是人們的一種休閒方式。由於聊天不需要固定的場所，因此，人們聊天時所選擇的場所多種多樣，各不相同。不同的聊天場所恰恰可以反映出每個人不同的性格特徵和內心世界，因此，我們可以從一個人所選擇的聊天場所了解他的為人。

①　選擇在寬敞的場所聊天的人

這種類型的人以男人居多，他們通常開朗直爽、心胸寬闊，志向遠大，目光長遠，居安思危，給人一種成熟穩重的感覺。但在性格上他們也有怯弱的一面，比較愛掩飾自己的真實情感。寬敞的場所通常人很稀少，因此，在這種場所聊天，他們完全不用擔心隔牆有耳，給自己惹下什麼麻煩。

②　選擇在辦公室聊天的人

辦公室是一種性質單一的場所，選擇在辦公室聊天，一般不會有其他人或事情影響雙方談話的內容和氣氛，他們可以和對方進行最實際的談話。這種類型的人多半對聊天誠意十足，並且對工作充滿了信心，他們通常認為工作可以幫助自己解決很多甚至所有的問題，因此，辦公室往往成了他們最信任的地方。

③ **選擇在酒吧或俱樂部聊天的人**

這種類型的人大多數屬於沽名釣譽之輩，他們認為酒吧或俱樂部這種場合以休閒和娛樂為目的，不僅可以提高自己的身分和影響，有助於自己目標的實現，同時，還能夠名正言順地滿足對方的很多欲望。

④ **選擇在酒店或飯店大廳聊天的人**

酒店或飯店大廳裡通常人來人往，行人眾多。這種類型的人多數膽大心細，並且自信十足，他們不在乎自己的隱私被其他人竊取，即使他人對自己構成了威脅，他們也有十足的把握避免和解決出現的難題。

⑤ **選擇在咖啡廳聊天的人**

一般而言，這種類型的人做任何事情都十分小心謹慎，他們通常認為混在咖啡廳中可以掩飾自己的真實面目，並且認為咖啡廳中的人都是「有閒階級」，即使聽到了自己說出不該說的話，對自己也構不成威脅。

⑥ 選擇在隱蔽的一個角落裡聊天的人

這種類型的人通常與聊天對象達到了親密無間、無話不談的地步，他們之所以選擇在比較隱蔽的一個角落裡聊天，是因為那裡安靜，不會有意外的人或事來擾亂談話或情緒，並且表示他們性格軟弱、膽小怕事，對外界適應能力不強，或者，他們在工作、生活中壓力很大，受到很多的壓抑，在向親朋好友傾訴自己的苦水時，不希望被他人察覺或打擾。這表示他們非常善於掩飾自己的情緒，喜怒不形於色。

一個人無論做什麼事，都與性格特徵、心理活動等密切相關，這些行為及言辭往往都隱藏著大量的資訊，而這些資訊往往是我們了解他人性格、識別其為人的最直接的依據。

3．從說粗話看人的心理

作為語言中的另類，粗話一直無所不在，已經成為一個令人難以避免的問題。據一組調查結果顯示，有百分之四十九的人偶爾會說髒話，有百分之十的人幾乎天天說，有百分之八的人經常說。捫心自問，我們很少有人會認為自己從來沒有說過粗話。錢包丟了，或者腳趾頭被砸了……那些粗俗又難聽的粗話，便會脫口而出。

說粗話是一種不文明的行為，是缺乏教育、素質低下的表現，往往會直接影響到人與人之間的交往，並且從小我們就被警告——不許說粗話。但是，不少人還是避免不了要說粗話。這是什麼原因呢？總的來講，人們之所以說粗話，其實就是為了表達和宣洩自己內心的情緒。歸納起來，有以下幾個方面：

① 表達憤怒或釋放壓抑

當人們非常憤怒或十分壓抑時，說粗話無疑是最容易實現，發揮作用最快速、最直接的宣洩途徑。這與人們透過瞪眼、吐口水啐人等方式表達憤怒、怨恨是一樣的道理。通常情況下，由於生活、工作壓力大，有人偶爾說說粗話，會覺得放鬆了、發洩了，平時一般都會比較注重自己的言行。但是，有些人說粗話的時間長了，心裡就會累積下越來越多的潛在的怨恨或不滿，從而導致說粗話的頻率也越來越高，並最終形成了可怕的憤世嫉俗情緒。因此，那些經常說粗話的人有相當多是憤世嫉俗之輩。

② 顯示自己的個性

有些人喜歡做別人不敢做或不願意做的事情，並藉此顯示自己的個性。這種類型的人往往有很強的表現欲望，個人主義強烈。而說粗話，既能滿足他們顯示自己個性的欲望，又不會對他人產生太大的影響，恰恰成了他們最好的選擇。這種類型的人以年輕人最多，他們動不動就滿口粗話，並以此為豪。在他們看來，說粗話是顯示彼此親密關係的方法，也是向他人展示自己心懷大度、不拘小節、個性豪爽的方法。

③ 內心的欲求不滿

很多時候，男人們聚集在一起的時候，通常喜歡說一些「有傷大雅」的粗話，尤其偏愛那些涉及「淫蕩」、「風騷」等與性行為有關的詞彙，好像只有這樣才能顯示出他們男子漢的氣魄。其實，這種類型的男人是因為內心的欲求不滿而粗話連篇的。

此外，還有一些人情緒不穩，內心焦躁，而這些問題又無法及時排除，所以，長年累月地發展下去，就會變成口出穢言的人。這種類型的人一旦逮到發洩不滿的對象或機會，就會借題發揮、大暴粗口。這也恰恰反映了他們欲求不滿的心理。

④ **顯示彼此之間關係不一般**

在日常交往中，在關係非常親密、彼此知根知底的朋友之間，很多時候會滿口粗話，互相把對方罵得狗血淋頭。而對於那些陌生或不熟悉的人，他們往往會客氣有加。其實，這正是他們之間表達情感的一種特殊方式，恰恰顯示出他們彼此之間的關係不一般。

⑤ **彰顯個性，追求男女平等**

其實，女性說粗話一點也不比男性遜色。絕大多數現代女性在公開場合盡量控制自己的言行，主要是受到社會教化的影響。人們頭腦中女性不說粗話的觀念，只是來自那些穿梭在辦公室、辦公室之間的現代女性形象或大家閨秀的傳統女性形象，而不少女性運用粗話罵街的熟練程度常常讓男人們瞠目結舌，甘拜下風。

乍見溫文爾雅的女性大暴粗口，實在讓人心驚、心寒。但是，站在女性的角度去看待這一現象時，我們不難發現，女性之所以說粗話，除了彰顯自己的個性，其實，還有追求男女平等、與男人並駕齊驅的心理。在她們看來，男人能做的事情，女性自然也可以做。這是婦女解放運動時代極其典型的女性心理特徵。

⑥ 出於好奇、模仿、叛逆等心理

隨著社會的發展、時代的進步，現在的小孩子不論在生理還是心理上都比較早熟，從而也就直接導致了相當多一部分小孩子開始模仿成年人，動不動就滿口粗話。這一部分小孩子說粗話的心理與成年人差不多，也是為了顯示自己的個性、另類。

此外，由於小孩子的是非觀念薄弱，毫無人生閱歷，別人罵，我也跟著罵，學罵人是小孩子的一種普遍心理。其實，很多時候他們只知道那些粗話是罵人的，並不懂得那些粗話的真正含義。他們之所以說粗話，往往出於好奇、模仿、叛逆等心理，他們往往會覺得模仿大人說話，會顯得更為成熟一些。

4・常說錯話的人表裡不一

在日常生活中，人們常常會因為各種原因有意或無意地說錯話，那些原本不是出自內心的無意說出的錯話被稱之為「口誤」。一般人不重視口誤，並且說錯話的人往往會解釋為「不小心」、「不是真心的」等藉口，但實際上，那些「不小心」說出來的錯話，卻往往是他們真正想要表達的。

心理學家佛洛伊德認為，說錯、聽錯或寫錯等「錯誤行為」，都是將內心真正的願望表現出來的行為。由此可見，那些常常說錯話的人，我們可以推斷為大部分是習慣性隱藏真正自己、表裡不一的人。而且，他們往往在心中強烈地禁止自己把這些真心的話說出來。因此，佛洛伊德告訴人們，口誤非常具有研究和實踐價值，口誤並非是偶然的、無意義的，我們可以從口誤中解讀出一個人內心深處隱祕的不想示人的真實想法和動機。

奧地利下議院某院長在其主持的某次會議即將開始的時候，一不留神將「會議開始」宣布成了「會議結束」。臺下的人聽到這句話時，不由得一片譁然，都以為自己聽錯了。實際上他們並沒有聽錯，而是這位院長說錯了。了解這位院長的人後來說，由於這個會議順利進展的可能性不大，所以這位院長在心裡就有了「會議快點結束」的願望。正是出於這種矛盾心理，他最終出現了口誤。

由此不難看出，人們之所以出現口誤，固然是由於說話人的不小心，但更深層次的原因其實是說話人內心真實的想法和要說的話恰恰相反，即心口不一，由於這兩者的衝突和矛盾，因而才導致了出現「口誤」的錯誤行為。

同樣的道理，那些經常說錯話的人，很多時候都是由於他們內心裡隱藏了很多事情，想要刻意地去隱瞞、掩蓋，或者說話的時候，沒有表露出自己真實的想法，結果在無意之間一次次地說錯話，讓自己的內心表露無疑，暴露了真實的自己。

第四章　從行爲舉止看人識人

福特大學畢業後，去一家汽車公司應徵，同時，與他一起應徵的還有三四個比他學歷高的人，但是，最後只有福特被聘用了。這是為什麼呢？原來福特在進入董事長辦公室時，發現地上有一張沾滿墨汁的紙，他就撿起來扔進了廢紙簍裡，而這張紙正是董事長考察應徵者是否注意細節而故意放在那裡的。培根曾經說過：「行為舉止是心靈的外衣。」人們也常說：「於細微之處觀察人。」也就是說，行為舉止不僅是我們言語和儀表的重要輔助行為，還是人們內心情感的自然流露，更是一個人自身素質與性格特徵的直接表現。

一、身體姿勢：內心的外在反應

只要我們留心觀察，就會發現無論是大街上還是商務會談中，人的身體姿勢都是大不相同，他們有的喜歡腿腳併攏站著，有的喜好兩腿交叉站著，有的喜歡坐得端端正正，有的蹺著二郎腿……其實，身體姿勢不僅是人們的一種習慣，更是人們性格和內心思想的外露。因此，可以透過他人的身體姿勢，讀其思想，了解他們的內心和性格特徵。

1・從坐姿看人的心理動向

在日常生活中，每個人的坐姿各具特色，而且似乎是無意的，只要怎樣舒服就怎樣坐。其實，據美國紐約曼哈頓心理研究中心心理學家皮艾特教授研究，這一個不經意間的坐姿往往與人的性格特點和內心祕密有關，因此，我們可以從這種貌似隨意的坐姿中解讀一個人的性格和內心心理。

① 正襟危坐

坐著時兩腳併攏並微微向前，整個腳掌著地的人，一般都性格內向，比較溫柔，為人真摯誠懇、謙虛，襟懷坦蕩，喜歡替他人著想，常令人感動不已，因此朋友很多，而且大家都尊重他們的為人。他們做事有條不紊，踏實努力，總是為了實現自己的目標而埋頭苦幹，是一個容易較真、力求周密而完美的人。

但是他們只做自己有把握的事情，不喜歡冒險，缺乏創新意識和靈活性，而且自己情感世界很封閉，即使與自己喜歡的人也不會多說一句曖昧的話。

② **腿腳併攏，雙手交叉放腿上**

這種類型的人，一般性格內向，比較呆板，城府很深，待人不夠熱情，比較固執，不喜歡接受他人的意見，即使明知別人說的是對的，也不會輕易採納。他們做事三心二意，沒有耐心，缺乏實作的精神，所以經常會失敗。他們工於心計，比較冷漠，而且不喜歡透露自己內心的真實想法，因此人際關係不好，對愛情也比較挑剔、慎重。

但是這種人想像力非常豐富，很有藝術細胞，凡事都想做得盡善盡美，比較適合於藝術方面的工作。

③ **腳尖併攏，腳跟分開**

他們大多數比較自信，但往往過高地評價自己的能力，做事猶豫不決，一絲不苟，但不夠變通，比較死板。他們有點怪癖，喜歡獨處，不喜歡與人交往，即使交往也只是

局限於自己感覺比較親近者的範圍。但是他們有很強的洞察力，能夠迅速地對事物做出準確的分析和判斷。

④ 蹺著二郎腿

如果是無論哪條腿放在上面，都顯得非常自然的人，則比較自信，懂得如何生活，而且人際關係很好。

習慣於蹺右腿的人，則個性內向而保守，端莊賢淑，自我要求很高，比較守規矩，是一個典型的傳統的人。他們凡事考慮周全了才會下決斷，不會做沒有把握的事情，但也缺乏追求愛情的勇氣。

習慣於蹺左腿的人，有較強的自信心，凡事總會堅持自己的看法。他們大多數天資聰明，為人謹慎，富有冒險精神，意志力堅強，百折不撓，但是也常常會因自己的成績而得意忘形。他們的協調能力很強，比較適合做領導者，而且大家都會心甘情願地聽他差遣。對於愛情也是積極大膽，而且比較專一，容易獲得真愛。

⑤ **雙腿併攏，伸向前方**

這樣的人一般性格開朗大方，心胸豁達，做事果斷、有主見，一旦決定了的事情就能夠很好的完成，具有相當強的組織能力和領導能力。他們擅長於交際，即使是陌生人，也能很快地與他們成為朋友。但是他們的嫉妒心比較強，而且喜歡發號施令。

⑥ **半躺而坐，雙手抱於腦後**

這種人性格溫和，為人熱情大方，容易相處，善於控制自己的情緒，容易獲得他人的信賴。他們適應能力強，精力充沛，責任心強，有毅力，因此，在事業上往往會取得某種程度上的成功。他們的感情比較豐富，屬於浪漫型，愛情生活也比較幸福美滿。但是這種人學習不求甚解，揮金如土，不擅於理財。

⑦ **手腳敞開而坐**

常常將雙腿和雙手分開較寬距離而坐的人，一般都比較自信，喜歡有新意的事物，具有主管一切的偏好，有指揮者的氣質和支配性的性格，但有時候卻不知天高地厚。他們通常都是笑容可掬，不在乎別人對自己的評價，喜歡與人交往，人緣不錯。

⑧ **腿分腳並，雙手抱於肚**

這種類型的人比較好戰，責任心強，行動力強，有勇氣，一旦決定了某件事，就會馬上行動，勇於不斷地追求新鮮事物，而且很有領導的魄力，但是處理人際關係的能力不是很強。在愛情方面，比較積極主動，但獨占的欲望很強，常干涉戀人的生活。

⑨ **膝蓋緊閉，小腿分開**

把膝蓋併攏在一起，小腿分開呈內「八」字的人，一般都比較靦腆、內向，比較害羞，感情細膩但不溫柔，比較注重別人的看法。他們的思想比較保守，工作的時候習慣於過去陳舊的經驗，是屬於容易被社會淘汰的一種。

⑩ **跨騎而坐**

習慣於將椅子轉過來、跨騎而坐的人，一般都比較好勝，控制欲望很強烈，不喜歡被他人束縛，以自我為中心，很少為別人考慮。這種坐姿是攻守兼備的表示，也許是潛意識裡受到了威脅，也或者是對對方目前的狀況不滿或不耐煩。

⑪ **腿腳不停抖動**

坐著的時候喜歡用腳或腳尖使整個腿部不停抖動的人，大多數善於思考，理解能力強，有建設性，往往會提出一些別人意想不到的問題。但是他們比較自私，凡事從利己的角度出發，往往會縱容自己，卻對別人很吝嗇。

2．不同的站姿洩露的性格資訊

常言道：「坐有坐相，站有站相。」從小，大人們就教導我們如何坐、如何站，但人的站姿依然都是千姿百態。其實，人的站姿是由生長環境、個人性格、品德修養等眾多因素決定的。所以，我們可以透過觀察一個人的站姿，看出他是怎樣的一個人。

① **雙腿自然站立，兩手插入褲袋**

有這種習慣的人性格偏內向、保守，城府比較深，為人謹慎，不擅言辭，不輕易向他人表露自己內心的情感。他們警覺性高，做事比較穩重，往往會三思而後行，但不夠果斷，原則性比較強，不夠靈活，總喜歡按部就班地工作。如果同時腰部略彎，則表示苦惱或心情沮喪。

②**抬頭挺胸，雙目平視**

這是一種標準的站立姿勢，說明此人性格開朗，總是對自己充滿信心，是天生的樂天派，因此，人緣非常好。他們誠實可靠，精力旺盛，做事積極、乾脆俐落，而且不會向任何困難屈服低頭，是比較容易取得成功的人。

③**自然站立，一手插兜，一手隨意**

這種類型的人性情上敦厚老實，性格複雜多變，情緒不穩定，待人常看自己的情緒而定，有時推心置腹，極易與人相處，有時冷若冰霜，讓人難以接近。他們有很強的自我保護意識，對人處處提防。

④**低頭彎腰，略現佝僂狀**

這種類型的人往往會給人一種懦弱的感覺，是屬於比較封閉、保守類型的人。他們性情溫和，為人謙虛，但缺乏魄力，自信心不足，態度消極，自我防衛意識非常的強，常有惶恐不安或自我抑制的心情，喜歡過穩定安逸的生活。

⑤ **兩腳與肩平衡，雙手疊於胸前**

一般喜歡這樣站立的人，自我保護意識比較強，常與人保持一定的距離，給人一種難以接近的印象，而且過分重視自己的利益，集體感不強。但是他們非常自信，性格堅強，不屈不撓，很有毅力，不輕易向困境和壓力低頭。

⑥ **自然站立，雙手握於背後**

這類人大多個性沉穩，自信心很強，很有紀律性，看重權威，喜歡把握局勢，控制一切，常懷有居高臨下的心理。他們對工作認真負責，極富耐心，但情緒波動比較大。

⑦ **兩手叉腰而立**

這是屬於一種開放型動作，這類人往往在自信心和精神上占有絕對的優勢，表示他們對面臨的事物有充分心理準備。如果加上雙腳分開比肩寬，則大多表示存在著潛在的進攻性。

⑧ **自然而立，雙手置於臀部**

這種類型的人自主性強，對自己認定的事情不會輕易改變，處事認真、細心謹慎，

一般不會有馬虎之舉，並且領導能力強，具有駕御一切的魅力。他們最大的缺點是性格倔強，甚至有點固執，有時候太過主觀。

⑨ **雙腳合併，雙手垂置身旁**

習慣於這種站姿的人性格保守、內向，誠實可靠，循規蹈矩，一般都墨守成規，接受和理解新鮮事物的能力欠缺。但是他們生性堅毅，不會輕易地向困難屈服。

⑩ **自然而立，兩手緊握於胸前**

這種類型的人非常自信，往往對自己所做的一切躊躇滿志，信心十足，而對自己將要做的事情也胸有成竹。他們擁有很強的分析和判斷力，對事態的發展往往會猜想得很準確。這種類型的人往往會成為公司的菁英、骨幹。

⑪ **倚靠而站**

這種人喜歡倚靠站立，不是靠著牆，就是靠著人。他們大多很隨意，不拘小節，心地善良，為人真誠坦白，沒有心計，容易接納他人，人際關係很好。但是他們做事喜歡走捷徑，缺乏獨立性。

⑫ **雙腿交叉而站**

習慣於這種站姿的人，一般缺乏自信心，性格內向，比較靦腆害羞，在人面前常感到拘束，不夠放鬆。這種姿勢一般表示保留態度或輕微拒絕的意思。

⑬ **不斷改變站立姿態**

這種類型的人通常屬於行動主義者。他們性格急躁、暴烈，身心經常處於一種緊張的狀態，而且不斷改變自己的思想觀念，沒有一個固定不變的想法，在生活方面喜歡接受新的挑戰。

3・從走姿解讀人的心理

走路是我們每天都要做的事情，就像我們呼吸空氣一樣平常。而行為學家經過調查研究發現：「在一般情況下，要判斷對方的思想狀況如何，只要讓他在路上走走，就可以基本了解了。」其實一個人的走路姿勢不但與心情有關，與人的秉性也有很大的關係。因此，我們可以透過走路的姿勢來了解一個人。

① **步伐急促**

這類人無論是什麼時候，有無急事，總是來去匆匆，步伐明快而有節奏。他們屬於行動主義者，性格特別外向，大多精力充沛、精明能幹，適應能力特別強，凡事講求效率，從不拖泥帶水。他們有冒險精神，勇於面對困難，喜歡迎接各種挑戰，而且遇事不推卸責任。但是這種人不注重細節，沒有耐心，做事考慮不夠周詳，容易衝動。其實，人心情興奮或是有急事時，也會突然走路變快。

② **步履平緩**

他們屬於典型的現實主義派，精明而穩健，不會輕信人言，凡事講求穩重，絕不好高騖遠，具有務實精神。這種人重情義，守信用，做事認真負責，有很好的判斷能力，但安於現狀，缺乏冒險精神，進取心不足，不喜歡與人交往。

③ **身體前傾**

有著這種走路習慣的人，大多性格溫柔、內向，待人隨和，有同情心，謙虛而含蓄，因為很有忍耐力。在與人相處時，他們表面沉默寡言，實際上非常重情誼。他們為人處事很有原則性，往往給人一種非常嚴肅的感覺。

④ **走正步**

這種正步就如同上軍操，步伐整齊，手腳協調，充滿節奏感。習慣於這種走姿的人意志力很強，抗壓性很好，對自己的信念非常專注，不會因外在的環境和事物的變化而影響自己的目標和志向，有著百折不回的耐力。但這種人一般比較「獨裁」，對愛情非得到手不罷休，因此，是屬於最讓女人歡心也最讓女人討厭的人。

⑤ **昂首闊步**

這樣的人走起路來昂首挺胸，四平八穩，非常有力。他們大多很穩重，認為面對困難事情時，最重要的是保持清醒的頭腦，因此，不希望任何東西左右自己的判斷力和分析力。這種人志向遠大，思路敏捷，很有主見，做事有條不紊，富有組織能力，但以自我為中心，對人有點冷漠。

⑥ **款款搖曳**

走路的時候喜歡扭來扭去，步伐零亂而沒有規則的人，一般女性為多。這種類型的

人一般比較好動，心地善良，待人坦誠熱情，在社交場合備受歡迎，但做事沒有耐心，常常心不在焉。

⑦ **腳不離地**

這種類型的人，走路的時候基本上是腳不離地，往往是鞋跟磨損得較為嚴重。他們大多比較保守，缺乏積極性，沒有冒險精神，不喜歡變化，比較喜歡安穩的生活，而且也沒有什麼特殊的才能，因此，在工作中容易受到挫折。

⑧ **左右搖晃**

這種人步行時東搖西晃，就像喝醉酒似的。如果是男性，則大多性格軟弱，自信心不足，沒有面對困難的勇氣。如果是女性，則大多性格善良，善解人意，溫柔體貼，人緣非常好。總的來說，經常這樣走路的人表現欲望都很強，往往希望引起他人的注意。其實，當喝醉酒或是精神受到嚴重打擊時也會出現這樣的走路姿勢。

⑨ **連蹦帶跳**

有的人走路的時候喜歡蹦蹦跳跳，走一步就跳躍一步。這樣的人一般心情都比較愉悅，身體也很健康，性格特別外向，活潑開朗，待人熱情坦誠，喜歡交際，而且人緣不錯。他們好奇心強，不喜歡被束縛，沒有耐心，嚮往自由自在的生活。如果是突然以跳躍的方式行走，則一定是遇到了令其高興的事情。

⑩ **喜歡踱步**

經常雙手交叉於背後，踱來踱去的人，一般都比較沉著冷靜，少言寡語，很有頭腦，善於思考問題。這種人大多很有主見，具有很強的判斷能力，不過有時候也會猶豫不決。

4・透過睡覺姿勢看人的性格

睡姿是一種直接展現了人的潛意識的身體語言，經睡眠專家觀察研究，認為每個人睡覺的姿勢與性格是有著直接連繫的，不同的性格會有不同的睡姿。其實很少有人會知道自己在睡覺的時候是什麼姿勢，但我們卻可以透過一個人的睡姿來了解他們的性格特徵。

① **仰臥**

仰臥也可以分為四種情況：第一種是雙腿交叉蹺著二郎腿平躺，這種人通常比較自戀，待人隨和，做事有條理，但習慣於生活當中固有的模式，難以接受生活上的變化，而且沒有耐心；第二種是雙臂枕在後腦勺，這種人個性很強，有智慧，對學習充滿熱情，具有較強的責任心和耐心，勇於面對困難和挫折，很重視家庭，也很會照顧家人；第三種是四肢張開呈「大」字型平躺，這種人性格開朗，崇尚自由，積極進取，富有正義感，為人熱情大方，但好奇心強，沒有毅力，容易衝動，好管閒事。第四種是雙手緊貼身體兩側平躺，這種人性格內向，比較保守，循規蹈矩，不喜歡人多嘈雜的場合，對自己對他人的要求都比較嚴格。

② **俯臥**

一般來說，趴著睡的人具有很強的自信心和自控力，能力突出，做事認真負責，處事冷靜理智，善於掩飾自己的情感。他們非常有耐心和毅力，對自己所追求的目標，總是堅持不懈地去完成，並且應變能力很強，知道如何調整自己。

但是這種人的心胸比較狹窄，不能夠虛心地接受別人對自己的批評或提出的意見，自我意識比較強，常以自我為中心，總是希望別人順應自己，根本不在乎他人的感受。

③ **側臥**

側臥包括四種情況：一，身體伸直，將腦袋放在手臂上，他們一般是一個溫文有禮、誠懇可愛的人，但凡事追求完美，比較挑剔；二，身體伸直，一條腿彎曲側躺，這種人喜歡發牢騷，愛抱怨，比較自卑，缺乏耐心，容易緊張，常對一些小事做出過度的反應；三，蜷縮著身體，這種人大多缺乏自信心和安全感，心理比較軟弱，獨立意識比較差，依賴心很強，做事沒有條理性，缺乏邏輯思考能力，並且責任心很弱；四，身體伸直，完全地側在一邊，這樣的人一般比較自信，做事非常勤奮努力，因此屬於比較容易取得成功的類型。

④ **靠邊式睡**

習慣於睡在床的一邊的人，一般缺乏安全感，具有強烈的自我捍衛意識。他們頭腦清醒，比較理性，有一定的容忍力，能夠控制自己的情緒，如果不達到某種極限，不會輕易地發怒和反擊。但是他們比較沒有主見，不擅於堅持自己的主張。

⑤ **對角式睡**

睡覺的時候，喜歡躺在床上呈一條對角線的人，大多比較武斷，控制欲很強，一旦抓住的事情就不會輕易放手，而且不會與他人分享。但是他們對新事物很敏感，能夠隨時掌握情況，處事精明強悍，絕不妥協。

⑥ **把腳放在床外**

儘管床的空間很大，但還是喜歡把腳伸出床外的人，大多是工作比較繁忙，參與的計畫太多，以至於沒什麼時間休息。其實這種人不喜歡睡覺，偏好夜以繼日地工作，往往精力充沛，開朗活潑，為人親切熱情，生活很有規律且節奏很快，具有一定的能力和實力，但不注重生活的品質。

⑦ **雙手握拳**

在睡覺的時候常常雙手緊握的人一般比較少見。這種人的性格特別外向，爭強好勝，不擅於控制自己的情緒。如果是把拳頭放在枕頭或是身體下面，則表示他正在努力控制這種緊張的情緒，如果是把拳頭向外仰躺著或是側著睡覺，則在潛意識裡一般有向別人示威的意思。

⑧ **四肢交叉**

在睡覺時喜歡雙手雙腳都交叉的人，一般自我意識比較強烈，不會允許別人侵犯自己的利益，對人也比較冷漠、內斂，不會輕易地洩露自己內心真實的情感而壓抑自己。他們的性格比較脆弱，抗壓性比較差，難以承受嚴重的打擊和傷害。

⑨ **蒙頭大睡**

睡覺的時候喜歡用被子矇住頭的人，大多自我保護意識很強，不會輕易的相信他人。他們性格軟弱，做事猶豫不決，缺乏毅力和冒險精神，通常不敢獨自面對困難，而且做事常常半途而廢。

5・從手勢看人的內心

人類的手是最獨特的，它既可以抓、劃、刺、打、握，還可以感受和改造我們的世界，甚至還可以打手勢。而人們常做的一些手勢往往與我們的內心想法有關，因此，我們可以從千姿百態的手勢中看透人們的內心。

①雙手托腮

平日裡習慣雙手托腮的人大多愛幻想，經常心不在焉，對現實生活很不滿，期待新鮮的事物，希望能找到自己的幸福，但是往往只是想而什麼都不做，是屬於守株待兔類型的人。此外，他們渴望浪漫的愛情，總是祈求獲得更多的愛，卻難以滿足。不過，他們服務精神旺盛，討厭錯誤的事情，與他們交談時，通常會有很多意想不到的有趣的話題。

如果在交談的時候出現這種手勢，則表示他覺得話題很無聊，不希望繼續談話的內容；或者是他正沉浸於自己的思緒中；或是他現在心中很不滿，心事重重。

②掰手指節

這種人無論有人沒人，有事沒事，都習慣把自己的手指掰得咯嗒咯嗒地響。他們通常精力旺盛，非常健談，具有很強的邏輯能力，但喜歡鑽「牛角尖」。這種人對事業、工作環境比較挑剔，但如果是他喜歡做的事情，他會不計任何代價而踏實努力地去做。

此外，他們還比較多愁善感，對異性很有吸引力。

③ **拍打頭部**

這種人無論是在與人交談還是在自己思考時，都喜歡用手拍打自己的頭部。他們大多為人真誠，富有同情心，願意幫助他人，是一個「老好人」，人際關係也很好，但是心直口快，守不住祕密，而且對人很苛刻。這種動作通常表示對某事感到懊悔和自我譴責。

④ **十指交叉**

十指交叉拱成塔狀，放在自己的胸前，或是放在桌面上，這是一種比較自信的手勢，教師、政治家、律師，以及那些傳播資訊的人常常會有這種手勢。當一個人對自己非常自信，對眼前的事情有把握或掌握主動權的時候，通常會做這樣的手勢。

心理研究顯示，十指交叉的高度越高，敵對情緒就越強烈，因此，在與持有這種手勢的人談判時，應該先設法消除他的這種姿勢，從心理緩和這種緊張的氣氛。

⑤ **雙手張開**

這種人手掌通常是攤開的，而且手指伸直，掌心向上。他們大都為人熱情，誠懇坦率，富有想像力，而且懂得去創造、享受生活，追求幸福和睦、舒暢的生活。這是一種接受他人的手勢，它意味著此人願意結識你、歡迎你或你的意見。反之，如果手背向外，通常表示此人不太善於接納別人，不夠坦誠，而且性格孤僻、保守。

⑥ **手勢下劈**

這種手勢通常給人一種不容置疑的感覺，一般只有在強調自己的觀點時才會出現。常使用這種手勢的人，大多比較高傲自負，主觀意識強，喜歡以自我為中心，不允許他人反駁自己的觀點，有點專橫。在討論問題的時候，有人為了證明自己的觀點而否定他人的觀點，也通常會用這種手勢。

⑦ **緊握拳頭**

緊握拳頭是一種力量的展現，如果一個人在演講的時候握著拳頭，則表示此人情緒亢奮，或者是因為意志堅定、堅決、自信，也可能是因為憤怒、憎恨。如果某人在說話的時候握著拳頭，那麼此人一定是在生氣或者感到很難過。如果大拇指藏在拳頭裡的話，那麼此人通常感到很危險，很害怕或者很擔憂。

⑧ **翹大拇指**

在日常生活中，蹺大拇指一般表示「好」、「第一」、「厲害」等意思，但更多的是表示「讚賞」。一般真心地讚賞他人時，除了拇指上揚外，還應該伴有微笑，這樣才能表現出尊重的態度。一般常以這種手勢讚賞他人的人都比較謙虛，性格開朗，心胸開闊，有容人之心。

⑨ **手勢上揚**

一般在演講或是在交談中，喜歡手勢上揚的人，大多性格開朗，心胸豁達，比較豪邁，不拘於形式，有號召力。手勢上揚也代表著號召、贊同、鼓舞等意思，其實，打招呼的時候也常用這種手勢。

⑩ **雙臂交叉**

這是一種防禦性的姿勢，說明某人感到很不自在，希望能夠保護自己。如果一個人用這種方法堅持己見、鼓舞自己，則他們會拒絕他人提供的任何建議。當一個人感到緊張、不安或不舒服時，或者是此人想撤退，抑或是想要掩飾什麼的時候，也會出現這種姿勢。

人的手勢是千姿百態的，而每一種手勢都能展現出一個人的內心，比如，雙手叉腰含有挑戰、排斥之意，常做這種手勢的人一般比較自信、自立；數撥手指是為了特殊強調，增強說服力；當一個人不夠自信的時候，也常會搓手，撫摸頸部，以及十指交叉緊扣，而且扣得越緊則表示越緊張，越不自信……因此，在與人交往時，我們要多注意對方的雙手，以助於我們更了解他們的內心世界。

二、身體動作：解讀心靈的語言

俗話說：「良言一句三冬暖，惡語傷人六月寒。」這是形容言語的威力，其實人的身體也會說話，同樣可以讚美他人或傷害他人。人的嘴巴可能會經常有意識地撒謊，但是人的身體語言卻不會，它是人們無意識地流露出的真實狀態，往往比嘴巴更誠實。

1．從說話時的手部動作看人

在日常生活中，我們與他人交談時，往往會伴隨著各式各樣肢體語言，而手部動作是最常見的，它加強了語言的力量，豐富了語言的色彩，並對語言加以補充和說明。而那一個不經意的手部動作，往往是我們內心、性格特徵等的流露，因此，我們可以透過觀察人們在談話中的手部動作來認識一個人。

①說話時指手劃腳

說話的時候喜歡指手劃腳的人個性比較強勢、積極，表達能力和說服力都很強，辦事效率高，無論是在工作上還是生活中，都能創造一種活躍的氣氛，而且具有較強的協調能力。他們大多感情豐富，行為舉止往往與自己的情感、情緒有關，一般情緒高昂和心有不快時，手的動作都會多而幅度大。此外，這種人做事通常只考慮自己而忽略他人的感受，比較自私，喜歡打探他人的祕密，而且守不住祕密，有語不驚人死不休的性格。

②　**說話時摸弄頭髮**

這種類型的人多屬於事業型的人，喜歡打拚和冒險，善於思考，做事細緻，但對家庭不夠關心，缺乏一種家庭責任感。他們大多比較健忘，易受情緒支配，非常在意周圍的人，而且很在意他人對自己的看法，對於許多的失敗和錯誤，經常耿耿於懷。此外，他們愛憎分明，嫉惡如仇，富有正義感。如果是突然摸弄頭髮，則往往表示此人著急、無奈，或是內心情感要爆發的前兆。

③　**說話時手掌讓他人看到**

說話時手掌時常讓他人看到的人，一般思想比較開放，善良活潑，沒有心計，具有很強的社交性。但是他們感情善變，喜歡說話，易犯喋喋不休的毛病，而且急於表現自己，因此，既容易和別人親近，也很容易令別人討厭。

④　**說話時手指不停抖動**

一般而言，這種動作表示此人心情緊張和焦慮，從而感到無所適從，希望能夠藉助這種方式來轉移自己的注意力，以緩解一下自己緊張的心理。如果是經常有這種動作的人，則比較易怒，容易產生消極情緒。

⑤ **說話時喜歡抹嘴捏鼻**

這種類型的人，大多喜歡捉弄別人，卻往往敢做不敢當。他們沒有自己的個性，好表現自己，愛譁眾取寵，獨立意識不夠強，沒有主見，通常是別人要他做什麼，他就可能做什麼。此外，他們做事猶豫不決，容易受到他人的影響。

⑥ **談話時喜歡咬手指**

這種類型的人注意力不夠集中，態度過於散漫，因此常靠咬手指來使自己的注意力集中起來。他們在感情上比較脆弱，容易受到傷害，通常缺乏別人關愛，但是，他們生活比較節儉。

⑦ **談話時輕輕敲桌面**

說話時用手指輕彈桌面，暗示著這個人可能在思考解決問題的辦法，或是陷入到某種困境當中，或是對要做的決定猶豫不決。一般情況下，如果一個人感到很不耐煩了，也通常會輕敲桌面。

⑧　**談話時抱著手臂**

談話時抱著手臂是一種表示討厭的姿勢，大多是出於對對方沒有好感，心理上產生排斥的時候。在與別人談話時常出現這種姿勢的人，大多性格比較高傲自負，對他人往往不屑一顧，而且沒有耐心。

⑨　**說話時雙手握在一起**

在說話時經常緊握雙手的人，大多性格內向，不夠自信，比較容易緊張，自我控制能力不夠強。一般情況下，當抱著認真的態度和對方談話時，在下意識裡，就可能會有這種動作出現。

2·從腳部動作識別人的內心

英國心理學家莫里斯經過研究發現：人體中越是遠離大腦部位的動作，越可能表達其內心的真實感情。觀人整體，腳離大腦的距離最遠，相對而言，腳部動作更能真實地反映出一個人的內心，因此，我們可以透過觀察腳的動作來了解人們內心最真實的想法。

① **不斷蹺腳**

在交談中，如果對方有不斷重複蹺腳的動作，一會左腳蹺在右腳上，一會右腳蹺在左腳上，則表示其對所談的內容不感興趣，甚至已經很不耐煩了，不想繼續談下去。所以在談話中，如果對方出現這種動作，最好能夠停止，或問他：「你有什麼看法？」等問題，以轉移話題。

② **腳踝互相交疊**

在談話時，無論是站著還是坐著，如果對方把腳後跟互相交疊，則表示對方可能在抑制自己的情緒。一般情況下，一個人在控制自己的情緒，或出於緊張、惶恐時，往往會做出這種姿勢。

③ **腳尖踮起**

在交談時，如果對方坐在椅子前端，而且腳尖踮起，則表示此人這時候的情緒比較積極，因此出現這種殷勤的姿態。如果是在談判中出現這種姿勢，則應該好好利用，因為這表示其比較願意合作。

④ **腳不停地抖動**

一個人無論是在做著還是站著，如果腳部不停地抖動，則表示此人的心理正處於一種緊張狀態。經常有這種動作的人，一般都比較自私，自我表現欲望強烈，愛出風頭。

⑤ **用腳尖輕敲地面**

一般情況下，坐著或站著的時候，用腳尖敲地面，表示此人的心理正處於一種緊張焦慮的狀態，或是希望能夠得到他人的回答。

⑥ **站立時，興趣往往集中於腳尖所指向的東西**

經調查發現，人在站立時，腳尖往往朝著心中惦念的或追求的方向或事物。如果一個人心裡很關注某個人，表面看他在專心致志地做自己的事情，毫不在意，但是他的腳尖往往會洩露出他的真實的內心，因為這時他的腳尖正指向那個人。

腳的習慣動作就好像人體中的其他語言一樣，也能夠反映出一個人的性格。據調查發現，性特別㬥者腳部動作少，容易害羞者腳步移動相對頻繁，驕傲自大者的腳部動作也很少。其實，透過觀察雙腳，還能判斷一個人是否在說謊。如果一個人的雙腳完全靜止，安分得有點過分，那他正在說謊。

3・透過頭部動作看人的心理

頭是人體最重要的組成部分，它控制著人的整個身體。在不同的環境中，或是面對不同的人、事物，頭部會做出不同的動作，只要我們細心觀察，就能從中了解到很多資訊，以了解一個人的心理。

① **低頭**

在交談過程中，如果對方突然將頭部垂下，則可能是對方有意退讓或表示友善，它似乎向他人表示「我很友善」或「我不會只認定自己的想法」。另一方面，可能是他心中有鬼，不敢正視說話的人。經常有這種動作的人，大多討厭激烈、輕浮的事，做事比較慎重，任勞任怨，交朋友也很慎重。

② **抬頭**

如果是在碰見朋友時頭部猛然上揚，則表示非常驚訝。抬頭一般代表「吃驚」的意思，如果是某人突然明白一件事情，也通常會猛然抬頭，然後微笑。

③　**點頭**

點頭一般預示著「認同」、「許可」、「同意」、「讚揚」等意思，但也不一定全是肯定的答覆。如果在交談中，一個人說出自己的觀點後，對方做點頭的動作，則表示其對說話者某種承諾的允許及好感。當一個人提出要求，對方點頭則表示許可。但是在兩人談話過程中，對方的點頭超過三次，表示不耐煩或有否定的意味。如果點頭動作與談話的內容不協調，則表示點頭者對所說的話不感興趣，根本沒有在意談話的內容。

④　**搖頭**

搖頭的本質是否定的意思。如果在交談中，對方出現這個動作，則表示對方否定或拒絕自己的觀點或要求。但如果一個人經常搖頭，則表示此人自信心很強，很有毅力，做事堅持不懈，但喜歡表現自我。

⑤　**歪著腦袋**

如果是在交流中，一個人把頭部歪向一側時，則通常表示此人對所談的話題很感興趣，也意味著事情有好的進展。如果是在等待一個人的時候，也通常會偏著頭注視他人。有些人為了賣弄風情，假裝天真時，也通常會做這個動作。

⑥ **晃動腦部**

晃動腦部有兩方面的意思，其一，說話者正在說謊，但對方又不肯確定，試圖用晃動腦部來抑制住搖頭這一個否定的動作。其二，當某人得知某個不尋常的訊息時，也會晃動腦部來確信這個並不是在做夢。

⑦ **頭部後仰**

頭部後仰這一動作，通常是勢利小人或非常自信人常做的姿態，含有挑釁的意思。而當一個人情緒發生變化的時候，也常出現這種姿勢。

4．從常見假動作中看人的眞實內心

與其他語言一樣，手部動作也有假的時候。如果一個人的手部動作突然轉換，則說明此人的思想和感覺發生了急促的變化，而人的手部動作的轉換通常只是幾秒鐘的時間，因此，很多人都忽略了這一個微妙的動作。其實，只要我們用心觀察，就能夠抓住這幾秒鐘來準確的判斷一個人的真實內心。

①　**用手掩口**

如果說話者突然下意識地用手遮住嘴巴，表示他可能在說謊，想借助這一動作來掩飾自己的內心活動。如果是聽者掩嘴，那可能是他對說話者說的話感到不滿。掩嘴的方式有幾種：用手指觸碰一下嘴唇；將手握成拳頭，用整個拳頭遮住嘴巴。在日常生活中，很多人會用假咳嗽來掩飾這種護嘴姿勢。常用這種動作來掩飾自己的人，一般具有雙重性格，比較自卑。

②　**用手摸鼻子**

觸控鼻子一般是用手在鼻子的下沿很快地摩擦幾下，有時只是略微輕觸。和遮嘴一樣，說話者觸控鼻子意味著他在掩飾自己的謊話，聆聽者做這個手勢則對說話者的話語表示懷疑。經科學家研究發現，當人們撒謊時，就會釋放出一種化學物質，從而引起鼻腔內部的細胞腫脹，同時還揭示，血壓也會因撒謊而上升，從而引發鼻腔的神經末梢傳送出刺癢的感覺，於是，人們就用手摩擦鼻子來緩解這種症狀。

③ **抓撓耳朵**

抓撓耳朵是小孩子不想聽父母的責罵時常用的一種手勢，如果是成年人抓耳朵就顯得比較世故，表示他已經聽夠了或是想要開口講話的意思。抓撓耳朵的手勢也有很多種，比如摩擦耳背，掏耳朵，拉扯耳垂，把整個耳廓蓋住耳洞等。一個人內心不安，或是正處在焦慮的狀態中時也通常會做出抓撓耳朵的動作。在義大利，抓撓耳朵的動作則通常被視為女人氣的表現，甚至被當作同性戀的象徵。

④ **抓撓脖子**

只要留心觀察，就會發現，人們每次做這個手勢，每次大約搔五下，很少會少於或者多於五次。這個手勢是疑惑和不確定的表現，就好像當事人在說：「我不能肯定我是否同意。」當一個人的話與事實不符時，就會特別明顯，比如，某個人說「我能夠理解你的感受」的同時也在抓撓脖子，那麼，他實際上並沒有理解。

⑤ **用手拉衣領**

戴斯蒙·莫里斯研究發現，人在說話時，會引起敏感的面部和頸部組織的刺痛感，

而必須用揉或搔抓來緩解。而當撒謊者一旦感覺到聽話人的懷疑，增強的血壓就會使脖子不斷冒汗。如果你看到對方使用這種姿勢，只要你提出再說一遍或說明白點的要求，就可以使他洩底。而當一個人感到憤怒或者沮喪的時候，也會拉一拉衣領，好讓脖子透透涼空氣，冷卻心頭的火氣。

⑥　**用手摩擦眼睛**

這種姿勢表示大腦透過摩擦眼睛的手勢，企圖阻止眼睛目睹欺騙、懷疑和令人不愉快的事物；或者是在說謊時，避免面對那個正在遭受欺騙的人。男人在做這個手勢時通常比較用力，而且如果是試圖掩蓋一個彌天大謊，通常會往別處看。女人一般只是在眼睛下方溫柔地輕輕一碰，一是因為受到淑女風範的限制，二是為了避免弄壞妝容。如果為了避免對方的注視，她們通常會眼睛看向天花板。

其實，並非所有上述動作都是表示在撒謊，比如，有的人摸鼻子只是因為這個部位確實發癢，但是隻要你留心觀察就會發現，人們在搔癢時一般比較用力，而裝腔作勢時動作比較輕且優雅。

5．從不經意的動作透視人的性格

很多時候，我們的身體動作都是不經意的。正是因為不經意，所以很多人都忽略了它。然而，正是這些不經意的動作，卻真真實實地反映出一個人的內心世界、個性特徵等。下面，讓我們從一些常見不經意的動作來透析人的性格。

①　**邊說邊笑**

與這種人交談會比較輕鬆愉快，他們大多時候不管自己或他人所講是否值得笑，甚至還沒有講完就笑了起來。他們大多性格開朗，感情專一，無論是友情還是親情都特別珍惜，人緣非常好，對生活的要求從不苛刻，喜愛平靜，是屬於「知足常樂」者。同時，他們事業心不強，缺乏積極向上的精神，而且不夠嚴肅，給人感覺不夠莊重。

②　**擠眉弄眼**

除了一些特殊情況需要之外，經常在公眾場合擠眉弄眼的人，大多性格開朗，善於交際，隨機應變能力強，善於捕捉機會，深得上司的賞識。他們的缺點是高傲自滿，不守規矩，比較輕浮，做事喜歡以自我為中心，往往不顧他人的感受，而且喜新厭舊，對

愛情不夠專一。

③ **到處張望**

這種人無論是在什麼場合，都喜歡四處張望，生怕錯過某人或某些事情。他們大多性格開朗，善於社交，有適應性，對什麼事情都表現得很感興趣。他們愛憎分明，喜怒哀樂往往表現在臉上，而對朋友也有好、惡之分，表裡如一，不擅於說謊。

④ **擺弄飾物**

這種類型的人大多是女性，而且性格比較內向，思想比較傳統、保守，不會輕易低洩露自己的內心情感。他們通常言語不多，做事比較認真踏實，有責任心，比較體貼他人，如果參加晚會或座談會，他們通常會留下來幫忙打掃會場。

⑤ **聳肩攤手**

喜歡聳聳肩膀，攤開雙手以表示自己無所謂的人，大多性格比較開朗，待人熱情坦誠，想像力豐富，有冒險精神。他們生活態度積極向上，既懂得享受生活，也會努力去創造生活，而且對家庭很依戀，有家庭責任感。

⑥ 喜歡躲在角落

這種類型的人無論是參加聚會、會議，或是走在路上，都是躲在最偏僻的角落裡。他們大多數性格內向且怪異，缺乏自信心和勇氣，喜歡別人表揚自己，但比較謙虛。此外，他們個性有點固執，若別人認為某件事情不能做，他就會偏去做。

⑦ 搖頭晃腦

除了「搖頭」和「點頭」以表示自己對某事物的看法之外，經常搖頭晃腦的人，一般都還有很強的自信心，自我意識也很強，不會在乎他人對自己的看法，凡事以自己的感覺為標準，我行我素。但是這種人做事比較認真，有一往無前的精神。

⑧ 習慣咬小物品

有的人在思考或是談話時，喜歡咬眼鏡腿、鉛筆或其他一些小物品。他們大多脾氣比較暴躁，自我意識過強，喜歡我行我素，完全不顧他人的感受。在談話時做這種小動作，一般是想掩飾自己的情緒。

⑨ **手指放在嘴唇之間**

在思考或交談時，喜歡把手指放在嘴唇之間的人，性格比較開朗，樂觀積極，自控能力很強，無論面對什麼困難，都能夠從容面對，當感到沮喪時，也會及時地調整自己的心態。

⑩ **經常咬牙切齒**

無論是在煩躁還是發脾氣時，都喜歡咬牙切齒的人，大多比較情緒化，容易受外界影響，而且比較小氣，沒有度量。他們凡事以自我為中心，做事喜歡感情用事，往往不顧對與錯。

⑪ **習慣摸下巴**

這種類型的人在談話或是想某事的時候，經常摸、抓下巴。他們大多善於思考，獨立意識很強，有自控力，為人處事比較理智、客觀，因此常給人一種圓滑、世故和老練之感。他們往往希望透過這種摸下巴的方式來克制自己的感情，或是思考解決問題的方法。

人的下意識動作有很多，只要你仔細觀察，就會發現，每個人在不經意間都有一些大不相同的動作，而這些動作卻能真實地反映出人們緊張、焦慮、高興等各種心理。

三、其他行為舉止：自我個性的透露

對於常人而言，每一個細微的動作都能夠反映出一個人的內心。無論是一個敲門的動作，還是寫字的筆跡，或者開車的方式，抑或是打電話時的舉動……無不把我們的個性特徵、內心世界赤裸裸地透露出來。

1．從敲門方式看人的性格

經心理學家研究顯示：「敲門的方式、強度、節奏、時間等，能從側面反映一個人的性格、此時的情緒和期望等。」也就是說，我們可以從敲門聲中判斷一個人的性格特徵、內心世界等。

①　用手指尖敲門的人

這種敲門方式可以很好地控制敲門的力度及響亮度。一般用這種方式敲門的人比較細心，關心他人，尊重他人，不喜歡麻煩別人，而且也很有耐心。但是他們過於老實、有耐心，容易讓人產生一種婆婆媽媽的印象。此外，他們自尊心很強，而且臉皮薄、膽子小，容易受到傷害。

②　用指骨節敲門的人

這種類型的人懂得尊重和關心別人，性格屬於中性，喜怒哀樂從不擺在臉上。他們缺乏足夠的耐心，做事比較隨意，通常是虎頭蛇尾，缺乏工作責任心。這種人一般沒有什麼急事的時候敲幾下門，如果沒人回應就會離開，但一旦有急事就會用巴掌大力敲。

③　用巴掌敲門的人

常用這種敲門方式的人，大多數性格比較開朗大方、豪爽，做事效率高，絕不會拖拖拉拉。他們待人比較隨和，不貪小便宜，不拘小節，不喜歡被束縛，人緣很好。他們的缺點是容易衝動，不夠關心他人。

④ **用拳頭敲門的人**

這種人敲門的時候往往還會在門外大聲地問「屋裡有沒有人」，他們大多性格魯莽，重兄弟義氣，是屬於那種肯為朋友「兩肋插刀」的人，而且有暴力傾向。但是一般情況下，如果沒有什麼急促的事情，很少會出現這種敲門的方式。

⑤ **用腳敲門的人**

這種類型的人大多性格暴躁，驕傲自滿，不懂得去關心他人，喜歡被人奉承，通常會因為別人的一些好話而幫助他人。他們最大的優點是自強，不喜歡被他人看扁。一般情況下，如果用這種敲門方式的人不是前來打架生事的，就是以財勢自恃，居高臨下、看不起屋主。

⑥ **敲門聲音的大小**

一般而言，敲門聲響亮的人，性格一般比較外向，對自己很自信，精力充沛，往往內心充滿一種強大的力量。敲門聲細若遊絲的人，大多比較謹慎，缺乏自信，在人際交往中也比較消極且被動。

⑦ **敲門時間的長短**

屋主沒有應答時仍堅持敲很久的人，大多意志力很強，做事不屈不撓，不會輕言放棄，但是性格比較固執、呆板，不善變通。如果敲兩下，屋主沒有應答時就匆匆離開的人，一般比較急躁，做事沒有耐心，優點是心思縝密。

⑧ **敲門節奏**

總是均勻地敲兩三聲，比較有節奏感，這種人大多有良好的修養和習慣，自我控制能力強，而且很自律，懂得尊重他人。如果敲門聲緩慢，則表示敲門者比較疲憊或沮喪。還有一種人，他們能夠敲出歡快的「音調」，多是屬於天生的「樂天派」，性格比較開朗大方，待人熱情，喜歡與人交往。

2・從開車方式看個性

隨著社會的發展，車子已經越來越普及，與人的關係也越來越密切。它就像是腿的延長，而人與車的關係，也就是人與腿的關係。只要細心觀察一下那些駕車的人，你就會發現，每個人的駕車方式都不一樣。心理學家認為：從駕車的方式上完全可以看出一個人的個性。下面，讓我們對幾種典型的駕車方式進行了解。

① **按規定速度開車的人**

這種類型的人性格比較傳統、保守，遵紀守法，從來不會做出格的事，但是缺乏冒險精神，做事多採取中庸的態度，即使有很大的勝算，也不會輕易冒險。此外，他們為人真誠可靠，不馬虎，人際關係很好。

② **行車速度比規定速度慢的人**

這種類型的人大多性格懦弱，膽小怕事，缺乏自信心，總覺得自己什麼都控制不了，當有某些東西在自己手上時，就立刻把許可權縮至最小。同時，他們的嫉妒心也很強烈，總是嫉妒那些超越自己的人，想奮起直追，卻又無法跨出自己的自我束縛。

③ **超速行駛的人**

這種類型的人自主意識比較強，討厭受制於任何人，不允許他人為自己設定限制，如果有人企圖這麼做，他們往往會採取極端且危險的方法來阻止，以維護自己的權利。

他們積極上進，樂觀開朗，淡泊名利，憎恨權勢，凡事隨心所欲。

④ **大聲按喇叭的人**

遇到紅燈或塞車時，經常大聲按喇叭的人，一般性格特別外向，脾氣暴躁，很少有心平氣和的時候，總是顯得焦慮不安，而遇到不開心的事情時，通常會尖叫、大喊、發脾氣。他們缺乏自信心，應變能力比較差，在挫折和困難面前，往往不知所措。此外，他們沒有什麼能力，做事效率低，即使沒有什麼事情的時候也總顯得匆匆忙忙。

⑤ **綠燈一亮，搶先往前衝的人**

這種人一般腦子比較靈活，反應敏捷，做事積極，具有很強的隨機應變能力。他們往往爭強好勝，競爭意識強，對成功的渴望也比較強烈，凡事都要比別人搶先一步。此外，他們的性格特別外向，生活態度比較積極。

⑥ **綠燈亮後，最後發動車的人**

他們大多性格內向，冷靜沉著，為人處事都比較細心謹慎，做事總要經過周密計劃，一般不會做沒有把握的事情。這種人很有才能，但是為了保護自己，絕不會表現得

鋒芒畢露，這樣就可以避免遭到傷害。

⑦ **邊抽菸邊開車的人**

邊抽菸邊開車的人大多是男性，他們一般個性獨特，做事很有主見且不缺乏創意，為人剛直不阿，喜歡按照自己的方式來做事。他們很有才能，做事喜歡靠自己的實力，不會去巴結和奉承他人。但是他們常以自我為中心，處事不夠圓滑，比較容易吃虧。

⑧ **不換擋的人**

這種人總是憑感覺去做事，喜歡按自己的方式去追求自己的生活，即使遇到困難也不會輕易向他人請教。他們具有比較強的責任心，凡事都會盡責地去完成。

3．筆跡透露的心理特徵

俗話說：「字如其人」。筆跡是人們傳達思想感情和進行溝通的一種方式，是人體資訊的一種載體，更是人們大腦中潛意識的自然流露。透過筆跡，探索性格與心理狀態已滲透到各行各業，如應徵、升學、擇業、司法鑑定等，特別是在公司應徵的過程中應用最廣泛。據說，美國微軟在應徵職員時有一項規定：必須抄一份十萬字以上的產品質量推介手冊。因為十萬字抄下來，公司已經對他的性格參透了一半。

筆跡分析的方法有很多，從筆跡觀察人的性格和心理狀態，可以從四個方面分析：筆跡的強度、字型大小、字的形狀、字的間距。

①　**字型較大，字跡潦草，筆壓無力，有脫框而出之感**

這種類型的人性格開朗，平易近人，待人熱情大方，容易與人相處，善於社交活動。他們的腦子靈活，興趣廣泛，思維開闊，對自己總是充滿信心，做事乾脆俐落，有一種大刀闊斧之風。同時，他們缺乏耐心，不拘小節，雖然興趣廣泛，但大多隻是懂一點，沒有精益求精的精神。

②　**字型小，間距小，筆壓無力，給人一種擁擠、萎縮之感**

這種類型的人性格比較內向，缺乏自信心，不喜歡與人交往，比較在意別人對自己的看法。但是他們做事比較細心負責，虛心謹慎，在工作上總是孜孜不倦，非常努力，常躲在一邊苦幹而不讓人知，時常會有一些令人意外的成績。

如果是右邊空格比較大，則屬於感性之人，凡事喜歡憑感覺，而且性格比較固執，容易走極端。

③ **筆壓有力，字形方正工整，字字獨立，缺乏自己的風格**

這種類型的人精力充沛，個性剛強，冷靜沉穩，很有主見，具有很強的意志力。他們做事果斷，有毅力，而且細心謹慎，有開拓能力。他們的缺點是凡事過於慎重，顯得比較拘泥，甚至比較緩慢，而且主觀性強，個性有點固執。

筆壓無力者，依賴性比較強，沒有自信，意志力不夠強，缺乏面對困難的勇氣，做事容易半途而非。如果是筆壓輕重不一，則是做事不夠果斷，猶豫不決，比較情緒化，但想像能力、思維能力都比較強。

④ **字型右半側傾斜**

字型右半側往上傾斜者，具有行動力，富有正義感，態度積極上進，性格開朗樂觀。他們個性好強，比較固執，凡事要堅持到底，常給人一種冥頑不靈的印象。

字型往右下方傾斜者，一般不注重小節，凡事粗枝大葉，總是想走捷徑，因此容易錯過成功的機會。此外，他們生性多疑，喜歡杞人憂天，人緣不是很好。

⑤ **字形方正，筆壓有力，字的大小與間隔不整齊，字小，具有自己的風格**

這種類型的人一般比較理性，性格內向，憨厚老實，不擅於交際，通常對自己的事情比較敏感、害羞，但是卻從不關心他人。他們做事比較認真負責，邏輯思維能力很強，思考問題周詳，但反應遲鈍，沒有創新意識。

如果是書寫結構鬆散，則大多思維能力強，性格開朗，待人熱情，個性豪爽大方，心胸闊達，有包容心，但不注重細節。

⑥ **字跡潦草，毫無規則，比較難判斷**

這種類型的人個性急躁，情緒不穩定，看問題比較實際，容易產生消極情緒，雖然富於行動力，但缺乏集中力，很少能靜下心來考慮事情。他們的虛榮心很強，很注重自己的外表，缺乏同情心，沒有合作精神，喜歡以自我為中心。

⑦ **字型圓潤**

這種字型看起來圓滾滾、胖嘟嘟的，十分可愛，但不夠高雅，通常多為女性所寫。這種類型的人性格比較天真，喜歡撒嬌，缺乏主見。但是他們比較細心，為人平和，不擅於與人爭執。

⑧ **字型瘦尖**

在應為九十度直角的地方寫成銳角者，大多性格內向，十分嚴肅，不喜歡說話，常給人一種難以親近的印象，但是他們博學多聞，懂得幽默。此外，他們個性比較敏銳，缺乏安全感，生性多疑。

⑨ **字間空隙過大**

字與字的間隔很大，就像在空中分離一樣，這種類型的人大多不注重小節，做事比較馬虎，漫不經心，注意力不集中，凡事比較隨便，希望走捷徑，因此往往不會成功。他們性格比較內向，容易害羞，不擅於表達自己。

4・透過購物方式看人的性格

在這個互動的時代裡，購物是生活的主題之一，生活中的很多必需品都需要去商場購買。我們付出一定量的金錢就可以取得自己想要的物品，這是一種交易。但是，不同

的人卻有不同的購物方式，因此，我們可以從一個人的購物習慣去判斷一個人的品行、修養和性格特徵。

① 花很長時間去購物

這種類型的人大多性格比較開朗、樂觀，基本上每天都會處於一種愉悅的狀態。他們很有野心，常常會為自己制定一些遠大的志向和目標，並會為之而努力奮鬥，雖然這些目標和志嚮往往不夠現實，最後也大多不可能成功，但是他們還是有一定的收穫。此外，他們積極上進，很有耐性，當遇到不順時，總會找到很多理由安慰自己，並會繼續前進，不會輕易屈服。

② 有目標地去購物

他們往往是先仔細地看一遍購物目錄，然後再有目的地進行選擇。這種人性格內向，組織性、原則性強，凡事喜歡按一定的規律和計划去執行，否則就會感到不知所措。他們一般都很健忘，獨立自主意識薄弱，應變能力不強，當遇到突發事件時，往往會感到無所適從。

③ **需要時沒有，不需要時才去購物**

這種類型的人一般行動不夠快，一般什麼事情都會比別人慢一拍，但他們心態比較好，從不會因此而感到煩惱。他們具有很強烈的自我表現欲望，為了能夠引起別人的注意，也時常會故意耍些小伎倆。

④ **喜歡討價還價的人**

這種人經常是看了五六家商店，對比了價格後才會決定買，而且時常會為了幾毛錢，而花上十多分鐘去討價還價。他們大多做事斤斤計較，婆婆媽媽，不夠乾脆、俐落。但是他們總是精打細算，如果是女性，是屬於那種比較會持家的人。

⑤ **很少自己去購物，大多請別人代勞**

這種人大多是工作和學習都比較繁忙，常常把日程表排得滿滿的。他們是屬於典型的事業型的人，在他們看來，購物不值得自己抽出寶貴的時間來親力而為。此外，他們性格比較內向、保守，為人處事比較傳統，凡事會盡量讓大家滿意。

⑥ **選擇在商場打折時購物**

這種人一般性格內向，而且比較固執，遇事雖然與他人協商，但是最後還是會堅持自己的觀點。他們懂得精打細算，對於生活中的大小事情都能夠安排得穩穩當當，是一個善於持家的人，而且比較容易滿足，往往會滿足於自己所處的優勢。

⑦ **喜歡與家裡人一起購物**

這種人大多有比較傳統和保守的價值觀，對家庭有著強烈的責任感，家庭在他們的心目中非常重要，是無法代替的。家庭生活是他們的重心，而且對他們的為人處事的原則有著很大的影響。有時候他們會覺得這種圍著家庭轉的生活比較無聊，但也卻很滿足於目前的生活，而且感覺很有安全感。

⑧ **對商品多處於觀望狀態的人**

這種人比較喜歡逛商店，而且似乎對所有新產品都感興趣，但最後卻拿不定主意要什麼。他們一般性格開朗，待人熱情，工作積極上進，好奇心強，對新事物總是津津樂道。但是他們的心胸比較狹窄，凡事斤斤計較。

5．從打電話看人的個性

電話是現代生活中不可缺少的物品，而人們在長期接打電話的過程中，往往會形成一種比較固定的方式，因此，我們可以從接打電話的方式中，分析一個人的性格特徵。

①**電話一響就馬上接的人**

這種類型的人通常是電話響起時，無論在忙著什麼工作，都會放下手上的事情快速地去接電話。他們一般脾氣比較暴躁，沒有耐心，因此，如果接電話時對方沒有馬上次應，他們很可能就會不耐煩地把電話掛掉；如果找的人不是他，或是那人正好不在，他們也會馬上的掛掉電話。這種人比較守規則，性格表裡一致，對外界很敏感，遇事比較容易緊張。

②**電話響一會才接的人**

這種類型的人不管手上有事沒事，總是等電話響一會才接。他們一般做事比較有耐心，總是不慌不忙，凡事按照自己的意圖行事，即使規則改變了，也會以自己的標準去作衡量判斷。他們個性比較散漫，不擅於與人溝通，人際關係也不怎麼好。

③ **邊講電話邊做事的人**

邊講電話邊整理書桌、檔案等東西的人，富有進取心，時間觀念很強，總希望自己能抓住時間多做點事情。他們精力充沛，做事總是充滿活力，但是缺乏耐心，不夠體貼，而且注意力不夠集中，容易受到外界的影響。

④ **講電話時玩電話線的人**

這種類型的人性格愜意、和藹，自信心很強，生性豁達，待人外剛內柔，有點玩世不恭，不在乎別人對自己的看法，不把一切放在眼裡，比較灑脫。但是，他們大多比較愛幻想，想像力極豐富，而且依賴性很強。

⑤ **邊講電話邊隨意塗畫的人**

這種類型的人講電話時一般都不夠用心，注意力不夠集中。他們大多性格比較開朗大方，生活態度積極上進，想像力豐富，有藝術天賦，崇尚自由，不喜歡被束縛。此外，他們的心態很好，能夠從容地對待任何困難。

⑥ **邊記要點邊說的人**

這種類型的人通常是事先就把便條紙準備在手頭的人。他們思考很周到，做事嚴謹細心，不會錯過任何細節問題，很善於把工作做好，但遇到突發的情況，往往會有點措手不及。如果是講到重點時候才找紙筆的人，則比較情緒化，做事比較草率，不夠冷靜沉著，但應變能力比較強。

⑦ **握住話筒中間的人**

這種類型的人，無論是在講電話時還是在生活中，談吐都比較沉穩，有條理。他們一般性格溫和，冷靜沉著，凡事不會強求。

⑧ **握住話筒下方的人**

這種類型的人一般說話比較簡潔明確，表面給人一種比較隨和的感覺，但內心很有原則，性格剛毅果斷。他們獨立意識很強，富於行動力，有冒險精神，做事爽快俐落，實際可靠，而且很有毅力，凡事堅持到底，但比較傲慢。

⑨ **握住話筒上方的人**

這種類型的人女性比較多，有點神經質，性格內向，喜歡孤獨，不喜歡譁眾取寵，也不喜歡與他人交往。如果是男性，則一般體格上偏瘦，性格內向，大多有潔癖。

⑩ **雙手抱緊電話的人**

這種類型的人警惕性很強，性格內向，生性多疑，說話總是神神祕祕的。他們大多感情內斂，不善表達，待人態度冷漠，不太容易相信他人，疑心很重。但是工作比較細心謹慎。

⑪ **講電話時的姿勢**

講電話時來回走動的人，大多性格明朗，比較好動，反應很快，喜歡豐富多彩的生活，喜歡自由，討厭被他人束縛和擺布。講電話時正襟危坐的人，一般性格謹慎，有自制力，思想保守，守規矩，不喜歡自我表現。

三、其他行爲舉止：自我個性的透露

電子書購買

爽讀 APP

國家圖書館出版品預行編目資料

看懂人才會與人相處：從外貌到言談，解讀人與人的相處之道 / 簡伊凡 著 . -- 第一版 . -- 臺北市 : 崧燁文化事業有限公司 , 2024.02
面； 公分
POD 版
ISBN 978-626-357-971-2(平裝)
1.CST: 行為心理學
176.8 113000187

看懂人才會與人相處：從外貌到言談，解讀人與人的相處之道

臉書

作 者：簡伊凡
發 行 人：黃振庭
出 版 者：崧燁文化事業有限公司
發 行 者：崧燁文化事業有限公司
E-mail：sonbookservice@gmail.com
粉 絲 頁：https://www.facebook.com/sonbookss/
網 址：https://sonbook.net/
地 址：台北市中正區重慶南路一段六十一號八樓 815 室
Rm. 815, 8F., No.61, Sec. 1, Chongqing S. Rd., Zhongzheng Dist., Taipei City 100, Taiwan
電 話：(02) 2370-3310 傳 真：(02) 2388-1990
印 刷：京峯數位服務有限公司
律師顧問：廣華律師事務所 張珮琦律師

定 價：350 元
發行日期：2024 年 02 月第一版
◎本書以 POD 印製
Design Assets from Freepik.com